部落差別解消推進法を学ぶ

奥田 均
Okuda hitoshi

解放出版社

装丁●森本良成

まえがき

不惑を迎えようとする一九九二年春に、思わぬことから大学の教壇に立つことになった。そして、それまでは考えもしなかった著書なるものを初めて上梓《じょうし》したのが一九九四年一〇月であり、それが『部落解放への挑戦――「補償」から「建設」へ』（解放出版社）である。当時はまだパソコンが普及しておらず、四〇〇字詰め原稿用紙への手書きであった。今取り出して手にとると何とも言えないいとおしさを感じる。

この本で、差別の結果に対する「補償」（同和対策事業）から、差別の原因の変革にせまる人権社会の「建設」へという新たな挑戦を「部落解放運動には夢がある！」と語りかけた。しかし時代の転換はままならず、同和対策事業の時代は二〇〇二年三月まで続いた。その後一四年九カ月の法的空白の時代へと突入したのは周知の通りである。

あれから二二年が経過した二〇一六年一二月に部落差別の解消の推進に関する法律（以下、部落差別解消推進法とする）が制定された。同法第一条には「部落差別のない社会を実現することを目的とする」と明記されている。「部落を変える」時代から「社会を変える」時代への力強い宣言である。ついに「建設」の時代が本格的に開始されるときがきた。感慨ひとしおである。

この間、部落差別解消推進法についての話を求められる機会が多くなった。その準備を重ねるなかで、この法律は部落問題を考えるうえで実に優れたテキストであることに気づかされた。いや、部落問題だけではなく、さまざまな差別問題や人権課題に取り組むうえでの大切な論点がちりばめられていることを発見した。時間の制約がある研修会などでは語り尽くせないこの問題意識をこの際文章化し整理しなくてはもったいないとの思いに駆り立てられてまとめたのが本書である。

法制定からちょうど二年が経った二〇一八年一二月に一念発起して筆をとった。二〇一九年三月に大学での定年を迎えた。それに間に合わすべく執筆を進めた。まるで「卒業論文だな」と苦笑いしながらの作業であった。

この本は第1章を読んでもらった後は、どの章のどこから読み進めてもらっても支障はない。たまたまこの順番に書き上げただけで、研修会などでは第1章の次に第6章を取り上げて話を進めることが多い。関心のあるところ、仕事や活動にかかわっている項目から開いてくだされればありがたい。

書き進めながらあらためて感じたのは、この法律は本当に学びがいのある法律だということであった。かみしめるほどに味の出てくる法律である。部落差別解消推進法の値打ちを決めるのは、この法律を使いこなす私たち自身である。その一助に本書が貢献できればこれほどうれしいことはない。

二〇一九年三月二三日

奥田 均

部落差別解消推進法を学ぶ——もくじ

第❶章

部落差別解消推進法が制定された！

1　部落解放への決意ほとばしる部落差別解消推進法

二〇一六年一二月九日　部落差別解消推進法が成立

二〇一六年一二月九日、第一九二回国会の参議院本会議において部落差別解消推進法が可決され成立した。賛成二二〇、反対一四での圧倒的多数による可決であった。

この法律は同年五月一九日に、開会中の第一九〇回国会に自民党、公明党さらに民進党、日本維新の会の賛同も得て、二階俊博衆議院議員他八名の議員によって衆議院に提出されたものである。同法案は六月一日、衆議院法務委員会で継続審議扱いとなり、第一九二回国会の衆議院本会議で一一月一七日に可決され参議院に送られた。

しかしこの国会は、環太平洋パートナーシップ協定（ＴＰＰ）の承認およびいわゆる「カジノ法案」の制定をめぐって与野党が激しく対立し、一一月三〇日までの会期が一二月一七日まで延長された。その一七日間の延長期間中の一二月九日に成立するという、まさに薄氷を踏む思いのなかでの可決・成立であった。

この法律は成立一週間後の一二月一六日に公布され、即日施行された。二〇〇二年三月の地域改善対策特定事業に係る国の財政上の特別措置に関する法律（以下「地対財特法」とする）期限切れ以降、一四年九カ月にわたる部落問題に焦点を当てた法律の空白がここに解消された。

まずは部落差別解消推進法を読んでみよう

部落差別解消推進法とはどんな法律なのか。とにもかくにも、まずはその全文を読んでみることにしよう。

部落差別の解消の推進に関する法律（平成二八年法律第一〇九号）

（目的）
第一条　この法律は、現在もなお部落差別が存在するとともに、情報化の進展に伴って部落差別に関する状況の変化が生じていることを踏まえ、全ての国民に基本的人権の享有を保障する日本国憲法の理念にのっとり、部落差別は許されないものであるとの認識の下にこれを解消することが重要な課題であることに鑑み、部落差別の解消に関し、基本理念を定め、並びに国及び地方公共団体の責務を明らかにするとともに、相談体制の充実等について定めることにより、部落差別の解消を推進し、もって部落差別のない社会を実現することを目的とする。

（基本理念）

第二条　部落差別の解消に関する施策は、全ての国民が等しく基本的人権を享有するかけがえのない個人として尊重されるものであるとの理念にのっとり、部落差別を解消する必要性に対する国民一人一人の理解を深めるよう努めることにより、部落差別のない社会を実現することを旨として、行われなければならない。

（国及び地方公共団体の責務）

第三条　国は、前条の基本理念にのっとり、部落差別の解消に関する施策を講ずるとともに、地方公共団体が講ずる部落差別の解消に関する施策を推進するために必要な情報の提供、指導及び助言を行う責務を有する。

2　地方公共団体は、前条の基本理念にのっとり、部落差別の解消に関し、国との適切な役割分担を踏まえて、国及び他の地方公共団体との連携を図りつつ、その地域の実情に応じた施策を講ずるよう努めるものとする。

（相談体制の充実）

第四条　国は、部落差別に関する相談に的確に応ずるための体制の充実を図るものとする。

2　地方公共団体は、国との適切な役割分担を踏まえて、その地域の実情に応じ、部落差別に関する相談に的確に応ずるための体制の充実を図るよう努めるものとする。

（教育及び啓発）

第五条　国は、部落差別を解消するため、必要な教育及び啓発を行うものとする。

2　地方公共団体は、国との適切な役割分担を踏まえて、その地域の実情に応じ、部落差別を解消するため、必要な教育及び啓発を行うよう努めるものとする。

（部落差別の実態に係る調査）

第六条　国は、部落差別の解消に関する施策の実施に資するため、地方公共団体の協力を得て、部落差別の実態に係る調査を行うものとする。

わかりやすい実に明解な法律である。その要点は次の8点にまとめられる。

1　「部落差別が存在する」ことを認知した
2　「部落差別は許されない」ことを明記した
3　「部落差別のない社会を実現する」ことを目的として定めた
4　「部落差別を解消する必要性に対する国民一人一人の理解を深める」ことを求めた
5　「部落差別の解消に関する施策を講ずる」ことを国及び地方公共団体の責務とした
6　「部落差別に関する相談体制の充実」を国及び地方公共団体に課した
7　「部落差別を解消するための教育及び啓発を行う」ことを国及び地方公共団体に求めた
8　「部落差別の実態に係る調査を行う」ことを明記した

そしてもう一度、くどいようだが第一条に記されたこの法律の目的をゆっくりと読んでみよう。

第一条　この法律は、現在もなお部落差別が存在するとともに、情報化の進展に伴って部落差別に関する状況の変化が生じていることを踏まえ、全ての国民に基本的人権の享有を保障する日本国憲法の理念にのっとり、部落差別は許されないものであるとの認識の下にこれを解消することが重要な課題であることに鑑み、部落差別の解消に関し、基本理念を定め、並びに国及び地方公共団体の責務を明らかにするとともに、相談体制の充実等について定めることにより、部落差別の解消を推進し、もって部落差別のない社会を実現することを目的とする。

実に長い一文である。一息で読めるかどうか、まるで肺活量の検査をするかのごとき「悪文」である。しかし、そこには部落差別をなくそうという願い、絶対になくすのだという決意がひしひしと感じられる「名文」である。

それはまた、「同和問題は人類普遍の原理である人間の自由と平等に関する問題であり、日本国憲法によって保障された基本的人権にかかわる課題である」、「これを未解決に放置することは断じて許されない」、「問題を抜本的に解決し、恥ずべき社会悪を払拭して、あるべからざる差別の長き歴史の終止符が一日もすみやかに実現するよう万全の処置をとられることを要望し期待する」と謳《うた》いあげたあの同和対策審議会答申（一九六五年）の前文を彷彿とさせるものである。

「地対財特法」期限切れの悔しさ

●万感の思い

この法律の参議院本会議での可決・成立の瞬間を、筆者は神戸での会議のさなかに迎えた。それは二〇一八年一月に開催される第三二回人権啓発研究集会（神戸市）の実行委員会の場であった。現地実行委員会の会長を務める坂本三郎さん（部落解放同盟兵庫県連合会執行委員長・中央本部副執行委員長）の携帯電話が鳴った。「参議院で通った！」、坂本さんのその一言に出席者一同から、「オオォー」というどよめきが起こり、次の瞬間大きな拍手につつまれた。そこには、「地対財特法」期限切れ後の一四年間あまりの苦労に対する万感の思いが込められていた。

「地対財特法」期限後の取り組みは困難を強いられた。全国すべてのとは言わないが、多くの地域で行政の姿勢は後退した。曰く、「同和問題に取り組む法的根拠がなくなった」、「もう法律も切れたことだしそろそろ同和問題への取り組みも店じまいしてもよかろう」と。そして実態調査もせずして「法律もなくなるほどだから、部落差別の現実もさほどたいしたことではなくなってきている」と。

しかし行政は、法律があるから部落問題に取り組んできたのではなかったはずだ。部落差別の現実があり、これを解決しなければならないがゆえに取り組みを展開してきたのではなかったのだろうか。しかも、である。「法期限切れ、法期限切れ」と声高に語るそのそもそもの「地対財特法」の中身を正確に知る関係者はほとんどいなかったと言っても過言ではない。万感の思いには、これら一つ一つの悔しい体験が込められていた。

●「地対財特法」の正体

悔しさついでに、ここに「地対財特法」をあらためて紹介しておこう。

地域改善対策特定事業に係る国の財政上の特別措置に関する法律

（趣旨）

第一条　この法律は、国及び地方公共団体が行う地域改善対策特定事業についてその円滑かつ迅速な実施を図るため、当該事業に係る経費に対する特別の助成その他国の財政上の特別措置について定めるものとする。

（地域改善対策特定事業）

第二条　この法律において「地域改善対策特定事業」とは、旧地域改善対策特別措置法（昭和五十七年法律第十六号。以下「旧地域改善法」という。）第一条に規定する地域改善対策事業が実施された同条に規定する対象地域について引き続き実施することが特に必要と認められる生活環境の改善、産業の振興、職業の安定、教育の充実、人権擁護活動の強化、社会福祉の増進等に関する事業で政令で定めるものをいう。

2　国及び地方公共団体は、協力して、地域改善対策特定事業を円滑かつ迅速に実施するように努めなければならない。

（特別の助成）

第三条　地域改善対策特定事業でこれに要する経費について国が負担し、又は補助するものに対するその負担又は補助については、政令で特別の定めをする場合を除き、予算の範囲内で、三分の二の割合をもつて算定するものとする。

2　前項の場合において、法律の規定で国の負担又は補助の割合として三分の二を下回る割合を定めているもののうち政令で定めるものについては、政令でこれを三分の二とするものとする。

（地方債）

第四条　地域改善対策特定事業につき地方公共団体が必要とする経費については、地方財政法（昭和二十三年法律第百九号）第五条各号に規定する経費に該当しないものについても、地方債をもつてその財源とすることができる。

2　地域改善対策特定事業につき地方公共団体が必要とする経費の財源に充てるため起こした地方債は、資金事情の許す限り、国が財政融資資金、郵便貯金特別会計の郵便貯金資金又は簡易生命保険特別会計の積立金をもつてその全額を引き受けるものとする。

（元利償還金の基準財政需要額への算入）

第五条　地域改善対策特定事業につき地方公共団体が必要とする経費の財源に充てるため起こした地方債で総務大臣が指定したものに係る元利償還に要する経費は、地方交付税法（昭和二十五年法律第二百十一号）の定めるところにより、当該地方公共団体に交付すべき地方交付税の額の算定に用いる基準財政需要額に算入するものとする。

さてこの法律、とりわけ（趣旨）第一条を何の予備知識もなしに読んで、これが何のための法律なのかを理解できる人はどれだけいるだろうか。この法律の一体全体どこが「同和問題に取り組む法的根拠」となるのだろうか。部落差別解消推進法の第一条と読み比べてみると、その違いは歴然としている。格が違う。第一条を読み比べるだけで、今回の法律が、前の法律の復活であったり継続であったりする代物ではないことは一目瞭然である。

行政関係者ならおわかりになると思うが、「地対財特法」は単なる「財政特例法」であった。つまり国と地方公共団体とのお金のやりとりを定めた法律である。国の補助率、地方公共団体による地方債の取り扱い、さらにはその元利償還金に関する地方交付税での補填についての規定が記されているだけである。ただそれだけの法律である。

●溜飲を下げる快挙

しかし法の期限切れによる引き潮ムードは、市町村長部局だけにとどまるものではなかった。学校教育の現場など教育委員会の領域にも広がり、教室から部落問題学習が姿を消していったところも珍しくない。所によっては部落問題に関する審議会が単なる協議会に格下げされたり、人権全般にかかわる審議会に薄められたりしたところも出現した。それもこれも、「地対財特法」の内容を正しく確かめられもせず、「法期限切れ」という言葉に乗せられた（あるいは悪乗りした）結果であったと言えよう。それはまるで、部落に対するマイナスイメージが、事実も確かめられずに拡散するあの差別意識の構造に酷似していた。

「地対財特法」が切れたからといって差別の現実が解消したわけではない。しかしこうした風潮のもとで、現場でまじめに部落問題に取り組むことの苦労は倍加した。理屈のうえではいくら論破しても、最後は「『地対財特法』はすでに期限切れを迎えたではないか」との空気が漂い、地団駄を踏む思いをした人も多かったろう。今回の法制定は、部落の当事者はもとより、こうした努力を続けてきた者にとっては溜飲《りゅういん》を下げる快挙であったと言える。それが神戸での会議におけるあのどよめきと拍手の姿に凝縮されていた。

まずは部落差別解消推進法の制定を率直に喜び、人権の法制度確立に向けてねばり強く尽力されてきた関係各方面の労を心からねぎらいたい。

2　部落問題にかかわる法律の変遷

ところで部落差別解消推進法は、戦後の部落問題にかかわる法律のどのような変遷のなかで登場しているのだろうか。**表1**は、それを概観するために作成した「戦後の部落問題にかかわる法律の推移」を記した年表である。

おわかりの通り、戦後の部落問題に焦点を当てた法律にあって部落差別解消推進法は四番目のものである。一番目は同和対策事業特別措置法、二番目は地域改善対策特別措置法、そして三番目が先にもふれた「地対財特法」である。

しかし今回の部落差別解消推進法は、それまでの三つの法律とは画期をなす質的にまったく新しい法律と言える。その詳細は後の項に譲るが、一言で表現すれば一番目から三番目までの法律は、「部落の改善」を目的としたものであった。またそのための事業に対する国の財政上の特例措置を定めた法律である。それに対して部落差別解消推進法は「部落差別のない社会を実現する」ことを目的として登場している。「新たな時代の幕開け」にいたる戦後の歩みを法律に焦点を当てて振り返ってみる（なお以下のA～Iは、**表1**の年表中のA～Iに対応している）。

A　戦後の部落解放運動の再建

一九四五年八月の敗戦からまだ半年しか経過していない一九四六年二月に、京都で部落解放全国委員会が結

表1　部落問題にかかわる法律の推移（A～Iは文章に連動している）

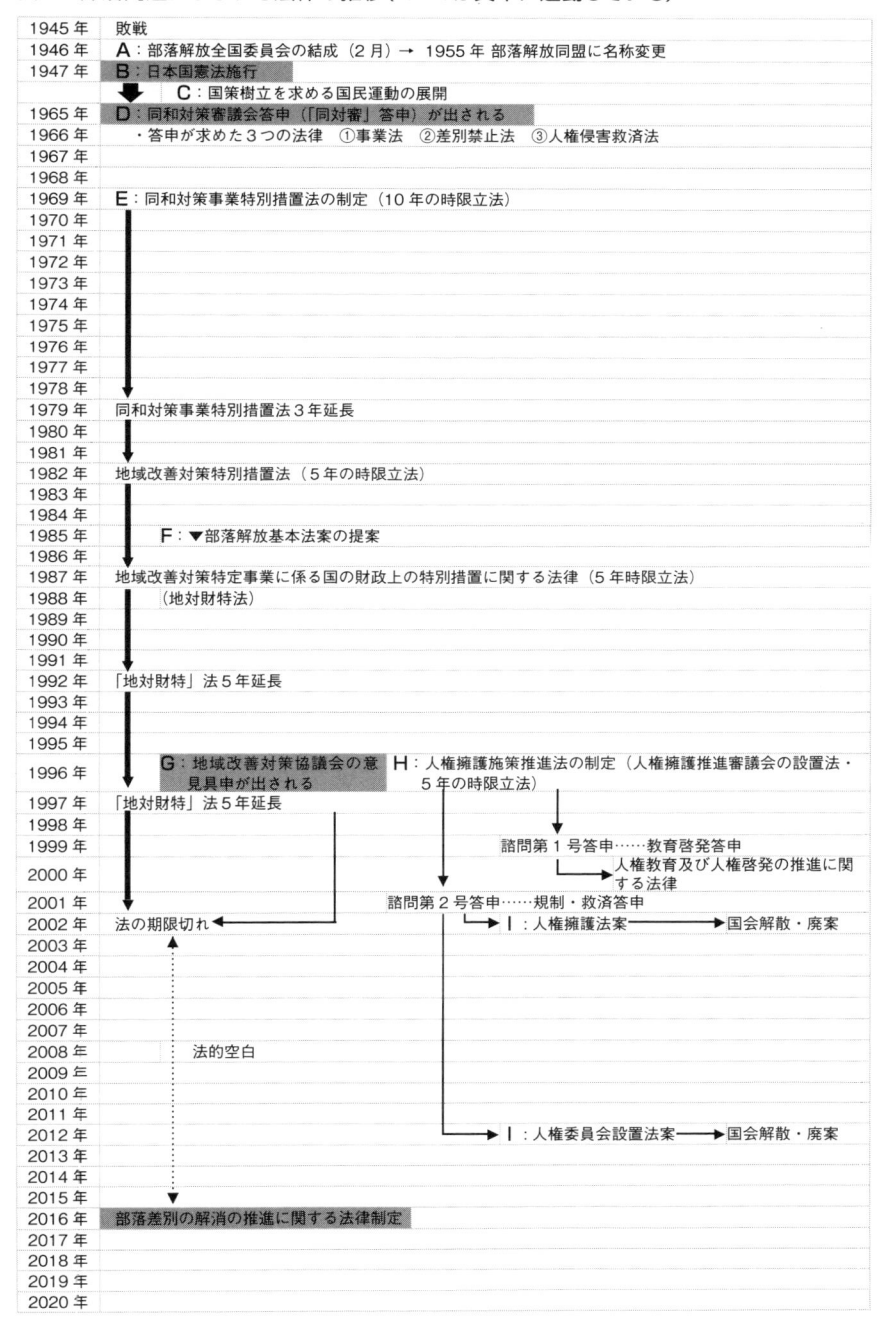

1945年	敗戦
1946年	A：部落解放全国委員会の結成（2月）→ 1955年 部落解放同盟に名称変更
1947年	B：日本国憲法施行
	C：国策樹立を求める国民運動の展開
1965年	D：同和対策審議会答申（「同対審」答申）が出される
1966年	・答申が求めた3つの法律　①事業法　②差別禁止法　③人権侵害救済法
1967年	
1968年	
1969年	E：同和対策事業特別措置法の制定（10年の時限立法）
1970年	
1971年	
1972年	
1973年	
1974年	
1975年	
1976年	
1977年	
1978年	
1979年	同和対策事業特別措置法3年延長
1980年	
1981年	
1982年	地域改善対策特別措置法（5年の時限立法）
1983年	
1984年	
1985年	F：▼部落解放基本法案の提案
1986年	
1987年	地域改善対策特定事業に係る国の財政上の特別措置に関する法律（5年時限立法）
1988年	（地対財特法）
1989年	
1990年	
1991年	
1992年	「地対財特」法5年延長
1993年	
1994年	
1995年	
1996年	G：地域改善対策協議会の意見具申が出される　H：人権擁護施策推進法の制定（人権擁護推進審議会の設置法・5年の時限立法）
1997年	「地対財特」法5年延長
1998年	
1999年	諮問第1号答申……教育啓発答申
2000年	人権教育及び人権啓発の推進に関する法律
2001年	諮問第2号答申……規制・救済答申
2002年	法の期限切れ　I：人権擁護法案→国会解散・廃案
2003年	
2004年	
2005年	
2006年	
2007年	
2008年	法的空白
2009年	
2010年	
2011年	
2012年	I：人権委員会設置法案→国会解散・廃案
2013年	
2014年	
2015年	
2016年	部落差別の解消の推進に関する法律制定
2017年	
2018年	
2019年	
2020年	

成された。戦前の水平社の活動家だけではなく、融和運動家をはじめとするさまざまな立場や考え方の部落出身者が大同団結しての旗揚げである。部落差別への怒りと解放への願いは戦後の荒廃のなかにおいても絶えることはなく、ここに戦後の部落解放運動の第一歩が記された。それは戦後の人権運動の突破口を開くものでもあった。

部落解放全国委員会はその後大衆団体としての発展を築き、一九五五年にその名称を部落解放同盟へと変更し今日にいたっている。

B　日本国憲法の施行

一九四七年五月三日に日本国憲法が施行された。憲法は、平和主義、主権在民とともに基本的人権の尊重をその三本柱の一つに位置づけた。その主な条文は次の通りである。

第十一条【基本的人権の享有】　国民は、すべての基本的人権の享有を妨げられない。この憲法が国民に保障する基本的人権は、侵すことのできない永久の権利として、現在及び将来の国民に与えられる。

第十三条【個人の尊重・幸福追求権・公共の福祉】　すべて国民は、個人として尊重される。生命、自由及び幸福追求に対する国民の権利については、公共の福祉に反しない限り、立法その他の国政の上で、最大の尊重を必要とする。

第十四条【法の下の平等、貴族の廃止、栄典】　すべて国民は、法の下に平等であつて、人種、信条、性別、社会的身分又は門地により、政治的、経済的又は社会的関係において、差別されない。

第九十七条【基本的人権の本質】　この憲法が日本国民に保障する基本的人権は、人類の多年にわたる自由獲得の努力の成果であつて、これらの権利は、過去幾多の試練に堪へ、現在及び将来の国民に対し、侵すことのできない永久の権利として信託されたものである。

しかし、憲法に記された基本的人権の保障は部落を素通りし、差別の実態は放置され続けた。

C　国策樹立を求める国民運動の展開

憲法の素通りに歯止めをかけ、戦後の人権の取り組みの基本文書となる同和対策審議会答申を実現したもの、それは部落解放運動の発展とそれに連帯した国民運動の高揚であった。

部落解放運動は一九五一年の「オール・ロマンス闘争」[1]などをきっかけとして、劣悪な部落の生活実態そのものを差別の現実としてとらえることを提起し、それを放置してきた行政責任を鋭く追及する差別行政糾弾闘争を全国各地で展開していった。

こうした取り組みを通じて、一九五一年には同和問題の早期解決を期す自治体関係者による全日本同和対策協議会（全同対）が生まれ、一九五三年には学校現場での同和教育の推進を図る全国同和教育研究協議会（全同教）が結成された。一九五六年には「朝日新聞」で「部落・三百万人の訴え」が連載されるなど、国に対して部落問題解決の国策を樹立するよう求める国民運動が急速に拡大した。

D　同和対策審議会答申

こうしたなかでついに国は「同和問題の解決に資するため」一九六〇年に「同和対策審議会設置法」を制定した。同審議会は四年におよぶ議論を経て、一九六五年八月一一日に答申をまとめた。いわゆる「同対審」答申である。憲法施行から一八年の時を経て、ついに部落問題に憲法の光が当てられた。憲法第十二条には、「この憲法が国民に保障する自由及び権利は、国民の不断の努力によつて、これを保持しなければならない。」とあるが、答申を勝ち取るにいたった国民運動の展開は、まさにこの「国民の不断の努力」そのものであったと言えよう。

答申は部落問題を「日本国憲法に保障された基本的人権に関わる課題である」と規定し、「問題の解決は焦眉の急を要するものであり、いたずらに日を重ねることは許されない状態にある」と指摘。「その早急な解決こそ国の責務であり、同時に国民的課題である」とした。そして部落問題解決のための具体案を環境改善、社会福祉、産業・職業、教育問題、人権問題の五つの分野に整理して提示した。

これらの取り組みを推進するために、答申は三つの法律の制定を求めた。第一が同和対策事業にかかわる特別措置法であり、第二は差別に対する法的規制、そして第三が差別からの保護および司法的に救済するための法律であった。すなわち、①同和対策事業特別措置法、②差別禁止法、③人権侵害救済法の制定を提起したのである。しかし実現したのは、一九六九年七月一〇日に制定された同和対策事業特別措置法だけであった。

E　三三年間続いた同和対策事業にかかわる法律

一九六九年に制定された同和対策事業特別措置法はその名称からもわかる通り、部落の環境改善や生活の向上などに資する国が定める事業（同和対策事業）に対して、その算定事業費の三分の二を国が補助するという財政特例法であった。この法律は当初一〇年間の時限立法であったが、なお「残事業」があるとして三年間期限が延長された。

しかしなお残された課題があるとして、一九八二年に地域改善対策特別措置法が五年間の時限立法として制定された。この法律以降、その名称や本文から「同和」の名がなくされ、事業も政令事項へと変更されていった。そしてそれまで増加の一途をたどってきた同和予算は減少の道をたどることになる。

この法律の期限切れに当たって制定されたのが先に見た一九八七年の「地対財特法」であった。この法律は同和対策事業特別措置法や地域改善対策特別措置法の第一条（目的）に記されていた「対象地域における経済力の培養、住民の生活の安定及び福祉の向上等に寄与する」という法の目的さえ削除され、単なる財政上の特別措置について定めるためだけのものに成り下がっていった。こうして同和対策事業（地域改善対策事業）の法律は、尾羽打ち枯《か》らしながらも三三年間におよび、二〇〇二年三月にその幕を閉じた。

F　部落解放基本法の提案

一九八二年に制定された地域改善対策特別措置法の期限切れ（一九八七年）を見据えて、部落解放運動とこれに連帯する国民運動は、一九八五年に部落解放基本法案を提案した。それは部落問題解決のための取り組みが同和対策事業の実施だけに矮小化されている状況を踏まえて、この際、部落問題の根本的解決に資する法律を制定するよう求めたものであった。

この法案は次の五つの構成部分からなっている。①部落問題の根本的解決の重要性を明らかにする「宣言法的部分」、②部落問題に関する正しい認識を確立し人権思想の普及高揚を図る「教育・啓発法的部分」、③部落差別を助長する身元調査や就職差別などの悪質な差別行為を法的に規制するとともに、差別の被害者を効果的に救済するために人権委員会の設置を求める「規制・救済法的部分」、④同和地区関係住民の社会的経済的地位の向上を図るための事業実施を求める「事業法的部分」、⑤部落問題の解決を図るための国および地方自治体での体制の整備と審議会の設置を求める「組織法的部分」である。

しかし部落解放基本法制定への壁は厚く、地域改善対策特別措置法の期限後に制定されたのは先にも取り上げた「地対財特法」であった。その後も部落解放基本法制定要求国民運動は幅広く展開されていったがその実現は難しく、こうした状況を踏まえて取り組みは部落解放基本法案の五つの構成部分をそれぞれの内容ごとの個別法で積み上げていく戦略へと転換されていった。

G 「地対協」意見具申

一九九六年五月、国の地域改善対策協議会（地対協）は意見具申を出し、「地対財特法」の次の五年延長にて特別対策事業を終了することを打ち出した。同時に、今後の取り組みについて次のような指針を示した。①「同和問題は過去の問題ではない」、「残念ながら依然として我が国における重要な課題と言わざるを得ない」として部落差別の現実を認知した、②「答申がなされて既に三〇年余りが経過しているが、同和問題の早期解決に向けて、この答申の趣旨を今後とも受け継いでいかなければならない」とあらためて「同対審」答申の意義を確認した、③「同対審」答申は、『部落差別が現存する限りこの行政は積極的に推進されなければならない』と指摘しており、特別対策の終了、すなわち一般対策への移行が、同和問題の早期解決を目指す取り組みの放棄を意味するものではないことは言うまでもない」と、「地対財特法」期限切れ後も取り組みを推進することを強調した、④同和問題の解決を「戦後民主主義の真価」が問われている課題とし、その解決は「国際的責務」との認識を示した、⑤今後の取り組みについて「同和問題を人権問題という本質から捉え、解決に向けての努力」をうながした。

しかし「地対財特法」の期限切れ後は、この意見具申の提案がないがしろにされたことは痛恨の極みである。

H 人権擁護推進審議会

部落解放運動は「地対協」意見具申にあたり、「我々が『あれこれの事業』を求めているのではない、『差別からの解放』を要求しているのだということをはっきりさせる」という上杉佐一郎中央執行委員長の言葉（一九九三年、部落解放同盟第五〇回全国大会）通り、特別対策事業の延長には固執せず、この際部落解放基本法案で提起した内容を一つ一つ実現するための方策を練る審議会の設置を求めた。それが人権擁護推進審議会であり、この審議会を設置するための法律が一九九六年に制定された人権擁護施策推進法で、「地対財特法」の期限切れを見据えた五年間の時限立法であった。

同審議会は三つの答申をまとめた。第一号答申が一九九九年七月に出された「人権尊重の理念に関する国民相互の理解を深めるための教育及び啓発に関する施策の総合的な推進に関する基本的事項について」と題する答申（いわゆる教育・啓発答申）である。そしてこの答申を具体化するものとして二〇〇〇年に人権教育及び人権啓発の推進に関する法律が制定された。

審議会は続いて二〇〇一年五月に「人権救済制度のあり方について」という第二号答申（いわゆる規制・救済答申）を出し、同年一二月に「人権擁護委員制度の改革について」という追加答申を出した。

Ⅰ　人権擁護法案の廃案　人権委員会設置法案の廃案

人権擁護推進審議会の第二号答申を踏まえてとりまとめられたのが、二〇〇二年三月に小泉内閣より国会に上程された人権擁護法案である。しかしこの法案にはいくつかの批判や改正要求が寄せられた。その最も大きなものはメディアからのものであり、報道の自由を侵害するとの批判であった。また、設置される人権委員会が法務省の外局となっており、国内人権機構の地位に関する国際的な合意であるパリ原則（一九九三年国連総会決議）が示した独立性が担保されていないなどの不十分点も指摘された。こうして法案の修正が求められ、三会期にまたがる継続審議となるなかで二〇〇三年一〇月に衆議院が解散され廃案となった。

その後、二〇〇九年七月の衆議院選挙で政権交代を果たした民主党は、野田内閣が二〇一二年一一月九日に人権委員会設置法案を閣議決定し国会に上程した。しかし七日後の一六日に突如の衆議院解散が断行され廃案となった。結果、二〇〇二年三月の「地対財特法」期限切れ以降、法的空白期間が続いていくのである。こうした一四年九カ月の法的空白を経て、二〇一六年一二月九日、部落差別解消推進法が成立した。

注

1 **「オール・ロマンス闘争」** 京都市の職員が「特殊部落」という題名の小説を雑誌『オール・ロマンス』(一九五一年一〇月号)に投稿し掲載されたことに対する部落解放全国委員会京都府連合会により展開された糾弾闘争のこと。この小説はタイトルからもわかる通り極めて差別的で、舞台となった部落や在日朝鮮人の生活実態は犯罪の温床のごとく描かれ、読者の差別意識をかき立てるものであった。京都府連は筆者や掲載社の責任を問うただけではなく、そこに描かれている悲惨な部落の状況は事実として存在しており、このような部落の生活実態そのものを差別の表れとしてとらえることを提起した。そのうえで、こうした実態を知りながらも放置し続けてきた行政の差別性と責任を追及した。

第2章

部落差別解消推進法の学びの核心─3つのポイント

部落差別解消推進法は、簡潔な表現で綴られたわずか六箇条の法律である。しかしそこには部落問題を考えるにあたっての基礎基本となる大切な認識が込められている。それはさまざまな人権課題を考えるうえでも重要不可欠な勘所《かんどころ》である。部落差別解消推進法を「知る」だけにとどめていてはもったいない。この法律をしっかりと「学び」、部落問題認識（人権課題認識）を一層確かなものに育てたい。ここではその「学び」の核心を各条文との関連を念頭に3つのポイントに設定して展開する。

1　第1のポイント─部落差別の存在認知（第一条）（第五条）（第六条）

部落差別の存在を法律で認知した

部落差別解消推進法の最重要箇所は第一条の冒頭部分、「この法律は、現在もなお部落差別が存在する」との一節である。憲政史上初めて、部落差別の存在が法律において認知された。部落差別の存在は、これからの取り組みを考える際の一切の前提である。それがすでに解決しているのであれば、あらゆる実践は不要となるからである。しかし残念ながら部落差別は厳然として存在している。今回の法律はそれを明文化した。この「部落差別の存在認知」のうえに、他の条文のすべてが築かれこの法律が成り立っている。

この法律により部落差別の存在認知についての議論に決着がついた。これまで議会を始め、さまざまな場面で部落差別が今なお存在しているのか否かが論争の的になってきた。そのようなやりとりに消耗し、「部落問題の解決に向けてこれからどうしていくのか」という肝心の議論がなかなか建設的なものにならないジレンマに襲われることも多々生じた。

しかし今後は、部落差別の現実を認めるかどうかは、「考え方や認識の違い」の問題ではなく、法律を認めるのか法律を否定するのかの議論となる。これは大きい。もちろん内心の自由があるわけだから、心の中で部落差別の存在を否定するのは自由であろう。しかし、それを公言することは法律の否定であり、とりわけ公の立場にある人（議員、行政職員、教員など）にあってはもってのほかということになる。部落問題の解決に向けた建設的な議論の基盤が、しっかりと書き込まれたことの意味は深い。

第一条と市民の実感とのずれ

問題は、しかし「現在もなお部落差別が存在する」という第一条のこの指摘が、多くの市民に実感として共有されているのかという点である。正直なところ部落差別の存在を実感として受け止めている市民は少数ではないだろうか。「えっ、まだそんな問題があるのですか?」、「私の周りでそんな問題を聞いたことありませんよ」といった感想が多数派だと思われる。

ではどうして、部落差別の現実はそれがなお存在し続けているにもかかわらず、市民に実感されにくいのだろうか。この点の理解に欠けるとき、第一条の差別の存在認知は「法律に書いてあるから存在するんだ」という押し付けの道具になりかねない。市民に部落差別の現実が実感されにくい理由とは一体何か。学びの第1のポイントはこの点にある。

もちろんこうした現象は何も最近になって生じているものではない。たとえば一九六五年に出された「同対審」答申の「第一部 同和問題の認識」の項においても次のような一節が登場する。「世間の一部の人々は、同和問題は過去の問題であって、今日の民主化、近代化が進んだわが国においては、もはや問題は存在しないと考えている。けれども、この問題の存在は、主観をこえた客観的事実に基づくものである」と。まだ国の同和対策事業が始まりもしていない当時、部落差別の状況は今では想像もできないほどに強烈であったと考えられる。にもかかわらず、「もはや問題は存在しない」と受け止めている市民が多くいた。それゆえに、わざわざこうした指摘をしておかなければならなかったのである。そう考えると、差別の現実と市民の実感とのずれは「古くて新しい問題」であると言えよう。なぜ、そうしたずれが生じるのだろうか。

一番実感があるのは被差別当事者自身

当たり前と言えば当たり前かもしれないが、差別の存在を最も実感するのは被差別当事者である。職場にセクハラがあるのかどうかを最も敏感に感じ取るのは女性職員であり、障害者が生きづらい世の中であるのかど

図1 「現在も部落差別があると思いますか」の回答結果

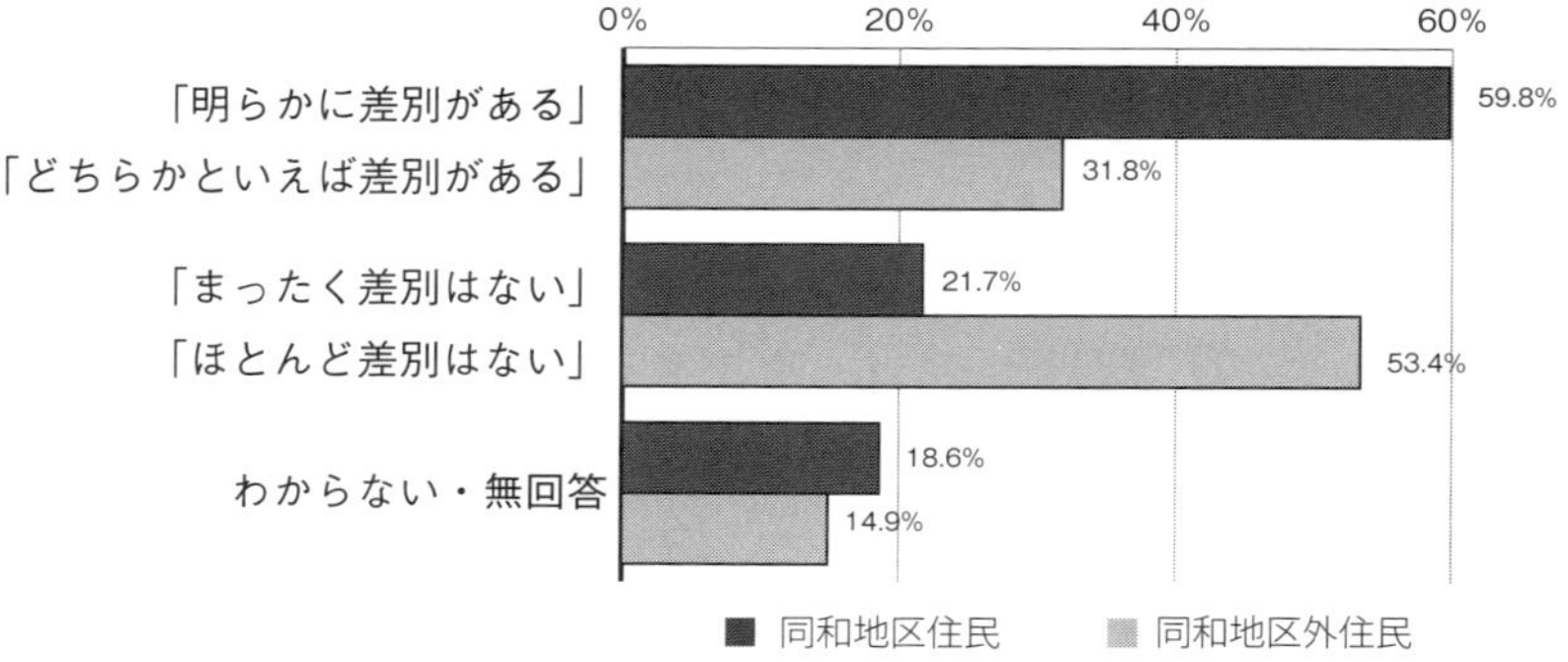

うかをストレートに受け止めるのは障害者自身である。その意味からすれば、部落差別の存在を誰よりも身につまされるのは部落出身の当事者ということになる。被差別当事者とそうではない者との社会的立場の異なりは、差別の存在に対する認知の感度に違いを生じさせることは避けがたい事実である。

そのことを表す興味深い調査結果がある。二〇一五年七月に鳥取県八頭町は「人権・同和問題に関する町民意識調査」を実施した。このうち、「現在も部落差別があると思いますか」との質問に対する回答結果を、町内の同和地区住民と地区外住民において比較したものが**図1**である。「明らかに差別がある」と「どちらかといえば差別がある」という差別の存在を認めている者の合計は同和地区住民の場合は五九・八％であるのに対して、地区外住民では三一・八％にとどまっている。逆に「まったく差別はない」と「ほとんど差別はない」としたものの合計は同和地区住民で二一・七％であるのに対して、地区外住民では五三・四％と二倍以上の高さとなっている。人口一万七二四二人、六一四四世帯（二〇一八年一二月）の同じ町に住む住民の間においてさえこの落差である。

こうした被差別当事者とそうでない立場にある人びととの差別の現実に関する受け止め方の違いは、何も部落問題だけではない。**図2**は、「アイヌの人びとに対して、現在は差別や偏見があると思いますか」との問

図2　アイヌの人びとに対する差別や偏見の存在に対する受け止め方

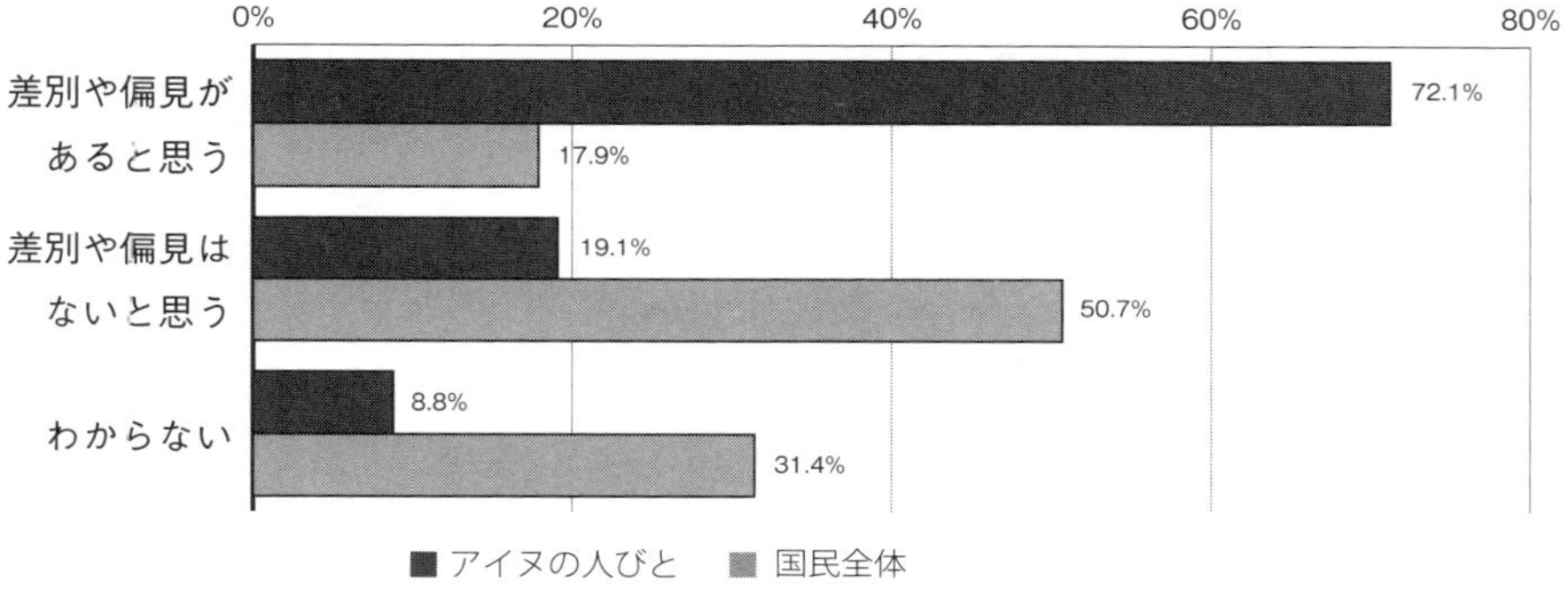

いに対する回答結果である。アイヌの人びとに対する調査は、全国の二〇歳以上のアイヌの人びと一〇〇〇人を対象に、内閣官房アイヌ総合政策室が二〇一五年一〇月に実施したものである。これはアイヌの人びとに対する初めての全国調査であった。国民に対する調査は、全国の二〇歳以上の国民三〇〇〇人を対象に、内閣府政府広報室が二〇一六年一月に実施したものである。

これらによると、現在でもアイヌの人びとに対する「差別や偏見があると思う人」の割合は、アイヌの人びとの場合七二・一%であるのに対して、国民調査では一七・九%と明らかに低い。逆に「差別や偏見はないと思う」人の割合は、アイヌの人びとの場合一九・一%であるのに対して、国民調査では五〇・七%と半数を超えている。

差別の存在は、被差別当事者でなければなかなか実感で感じ取れないものであることが調査結果からも示されている。そしてそれは、女性差別に対する男性の実感、障害者差別に対する健常者の実感、在日外国人差別に対する日本人の実感などにあっても同様であろう。

当事者が語らなければ伝わらない部落差別の現実

だとすれば、部落差別の存在について広く市民の共感を得る最も効果的な方法は、「部落出身当事者が市民に訴える」ということであろう。部落の住環境などは確かに整備が進み、生活実態もかつてに比べると、なお多くの課題を抱えているとはいえ、改善を遂げてきたことは確かである。しかし差別の現実は、こうした視覚的に確認できる課題や表やグラフに表して数値化されるものばかりではない。当事者が発しなければ伝わらない差別の現実こそが問題なのである。

たとえば結婚に当たって不安や動揺、つらい体験である。それを二〇〇〇年に実施された大阪府による同和地区住民への意識調査から見てみよう（出典：拙著『結婚差別―データで読む現実と課題』二〇〇七年、解放出版社）。

部落出身者が結婚するに当たり（あるいは結婚後において）、「自分が住んでいるところが同和地区である」ことや「自分は部落出身者である」ことを相手に告げる行為を「告知」と表現する。**表2**は年齢階層別に見た「告知」の状況である。「告知」率は五割を超えており、「告知」のほとんどは「結婚前」になされていることがわかる。

「告知」は、単なる事実の伝達ではない。現に部落差別が存在するなかにあって、その行為は差別に深くかかわらざるをえない。「告知すべきか、する必要はないか」、「いつ、どのような形で告知すべきか」、「予想されるさまざまなケースにおいていかに対応すべきか」といった悩みそのものが差別によるものである。また「告知」問題は、一過性のものではない。「告知」をした場合における相手の反応や理解の深さ、親や親戚への波及など、さまざまな事がらがそこから始まる。告知をしなかった場合においても、事は一件落着とは言い切れない。なぜ、部落出身と言わなければならないのか。なぜこんなことで悩まなければならないのか。「告知」「不告知」をめぐる逡巡《しゅんじゅん》、それが部落差別の現実である。

さらに**表3**は、「告知」「不告知」の理由別における結婚における被差別体験を集計したものである。心が痛むのは、「告知」「不告知」のそれぞれの理由における被差別状況である。「自分のすべてを知ってもらいたたか

表2　年齢階層別の「告知」の有無

	回答者数	告知した	結婚前に	結婚後に	告知しなかった	無回答
総　数	1,298	52.7%	48.5%	4.2%	43.5%	3.8%
15～29歳	119	72.3%	71.4%	0.8%	27.7%	—
30～39歳	277	72.2%	69.0%	3.2%	26.4%	1.4%
40～49歳	259	57.5%	54.1%	3.5%	40.5%	1.9%
50～59歳	295	43.1%	36.9%	6.1%	52.9%	4.1%
60～69歳	231	36.4%	30.3%	6.1%	56.3%	7.4%
70歳以上	117	32.5%	29.1%	3.4%	58.1%	9.4%

ったから」告知した人における被差別体験率が二六・一％、「後で問題になるよりは、先に言っておいた方がよいから」と告知した場合では三二・九％、「相手が同和問題を理解していたから」と安心して告知した場合では二二・八％となっている。また、「関係がこわれるのがいやだったから」との思いによって「告知しなかった」場合においても六〇・〇％の人が差別を受けている。その困惑はいかばかりであったであろうか。当事者が語らなければ伝わらない部落差別の現実がここにある。

差別の現実を伝えさせない差別のカラクリ

誰しも自分のつらい体験を他人に語ることは好まない。部落の当事者にあっても同じである。ところが、被差別の体験や差別にまつわる不安や心配を他者に語る場合の抵抗は、その理由だけにとどまるものではない。それを伝えるということは、その瞬間に「自分は部落出身者である」ことを相手に告白することを意味するのである。

信頼できる人間関係があればそれは問題にならないかもしれない。しかし、不特定多数の市民に対してそれを告げることは容易ではない。たとえばＰＴＡの研修の場で、部落差別の現実をより正しく知っても

表3 「告知」「不告知」の理由と被差別体験

	理　由	回答者数	差別を体験した人	被差別体験率
告知をした	自分のすべてを知ってもらいたかったから	257	67	26.1%
	後で問題になるよりは、先に言っておいた方がよいから	164	54	32.9%
	相手が同和問題を理解していたから	101	23	22.8%
	相手は何となく気付いていたから	97	32	33.0%
	合計	619	176	28.4%
告知しなかった	あえて問題にするほどの内容でもないから	276	23	8.3%
	関係がこわれるのがいやだったから	25	15	60.0%
	相手が同和問題を理解していたから	33	3	9.1%
	相手はすでに知っていたから	173	32	18.5%
	合計	507	73	14.4%

注）「告知」「不告知」理由における「その他」回答を除く

らおうと自らの経験や思いを伝えた場合、確かに部落問題理解は深まるかもしれないが、後日それが差別的なうわさになる危険性も否定できない。「〇〇君のお母さん、実は同和地区出身の人らしいよ」という情報が拡散し、自分の子どもがそれによっていじめに遭《あ》ったりするかもしれないとの心配が忍び寄る。

部落差別の現実を正しく認識してもらいたいという思いと、しかし当事者として訴えることによって自分や自分の家族が差別を受けるかもしれないリスクを天秤《てんびん》にかけたとき、多くの当事者はそのリスクの前に立ちすくんでしまう。

部落差別の現実が、「差別の現実を当事者が訴えるという行為」をねじ伏せる。差別の現実を差別の力が伝えさせないでいる。そうした差別のカラクリの結果、多くの市民は「もう部落差別なんて存在しない」、「あってもたいしたことではない」、「それは昔の話じゃないのか」と素直に、悪気なく思い込んでいくのである。

差別は差別があると感じさせないところに差別の差別たるゆえんがある。厳しい差別ほど見えにくい。なんという皮肉であろうか。部落差別の存在に対する市民の希薄な実感は、それ自体を差別のなせるワザとして受け止める視点が求められている。

奇妙な理解との遭遇

語るに語れない、こうした事情は部落外に居住している部落出身者の場合により一層強く作用するであろう。何気ない会話のなかに、部落に対する偏見や忌避意識を感じる機会は部落外居住者のほうが多いに違いない。同時に、語らせない無形の圧力もまた部落外居住者のほうがより強く浴びているはずである。その結果、こんな奇妙な出来事に遭遇した。

大学での講義でのことである。部落問題をテーマにしていた講義が終わった後に、一人の受講生がやってきてこう告げた。「先生、ぼくが通っていた小学校や中学校の校区には、被差別部落と言われてきたところがありませんでした。それでぼくは今まで、部落出身の人と親しく話をした経験がないのです」と。私は最初、彼が何を言っているのかその意味をわかりかねた。校区に部落がないところは確かにあるだろう。しかしそのことと、部落出身の人と出会ったことがないこととがなぜ連動しているのか。そこで私はこう尋ね返した。「そうですか。でも部落出身の人と親しく話をしたことがないと、なぜ君はわかるのですか。近所や旧友、今のクラスメイトに部落出身の人がいないとどうして判断できるのですか」と。彼は最初、キョトンとした顔をしていた。なぜならそのときまで、彼は部落出身者は全員、部落に居住しているものだと考えていたからである。

そんな突拍子もない発想に恐れ入った。誰しも生まれたふるさとで全員が人生を終えるわけではない。進学や結婚、就職や転勤、家の購入による転宅などでさまざまな地に移り住んでいくのがむしろ自然である。部落の人びとにあってもそれは当然、同様である。もちろん生まれ故郷で生涯を閉じる人もいないわけではないが、むしろ圧倒的多数の部落出身者は部落外に住んでいると言っても過言ではない。部落問題を考えるとき、彼にはそんな常識が吹っ飛んでいたのである。

自分のすぐそばに声を出せない部落出身の人がいるかもしれない。ただそれだけの当たり前のことに気づくだけで、部落問題のリアリティは変わる。

部落問題だけではない差別のカラクリ

差別の厳しさが差別の可視化を覆い隠すのは部落問題だけではない。「黙っていればわからない」と善意の仮面をかぶった慰めが投げかけられる差別問題においても、同様の差別の不可視化機能が働いている。たとえばＨＩＶ問題やハンセン病回復者の遺族・家族問題。声を上げさせない圧迫感が、当事者を二重三重に苦しめている。

近年ようやく社会問題化されてきたセクシュアルマイノリティの問題もその一例である。二〇一八年一〇月に電通ダイバーシティ・ラボ（電通のダイバーシティ課題の専門組織）は、全国六万人を対象にＬＧＢＴを含むセクシュアルマイノリティに関する調査を実施した。それによると、ＬＧＢＴ層に該当する人は八・九％を数え、約一一人に一人の割合で存在することが明らかになった。日本人の血液型ＡＢ型の人の割合にほぼ匹敵する。日本労働組合総連合会も二〇一六年八月に、二〇歳から五九歳の一〇〇〇人を対象にした「ＬＧＢＴに関する職場の意識調査」の結果を公表しているが、ＬＧＢＴとアセクシュアル（無性愛）との回答者合計が七・五％であった。ほぼ一三人に一人の割合である。

しかしＬＧＢＴ当事者が、こんな割合で存在している実感はあるだろうか。そしてそのほとんどの当事者が、その思いや苦い体験を語れずに暮らしている事実（差別の存在）を認識できているだろうか。もしかすると私の受講生のように、「私は今までＬＧＢＴの人と親しく話をしたことがない」と真顔で語る人もいるかもしれない。

差別の現実と市民の実感とのずれの必然性（差別の現実を伝えさせない差別のカラクリ）に気づくとき、実感で差別の存在の有無を判断することの危うさが見えてくる。

差別の存在認知における必須要件としての調査と学習

実感での判断が間違った認識を作り上げることは差別問題だけの特殊性ではない。自然現象においても同様のことを私たちはしばしば経験している。たとえば天動説である。いかに心静かに眺めたところで、お日様は東から登り西に沈んでいくのである。あれを見て地球の回転を実感できるとすれば、そちらのほうがこわい。しかし星の観察などにより、実は地球が動いていることが発見され、天動説は地動説に取って代わられた。こうした実感の誤認識を克服するために私たちは「理科」を学ぶのである。そしてそれと同じように私たちは「差別の問題」を学ばなければならない。

人間はとても優れた生物であるが、その実感が必ずしも客観的事実を映し出すものとは限らない。マルクスは『資本論』のなかで「もし事物の現象形態と本質とが直接に一致するなら、あらゆる科学は余計なものであろう」と述べているが、まさにその指摘は差別の存在認識にも当てはまる。

差別の存在を実感で判断することは、たとえそれが冷静なものであったとしても間違いをしでかしやすい。それはけっして個人の資質や責任の問題ではなく、それこそが差別があるがゆえの現象なのである。だからこそ、差別の存在は実感ではなく科学的な調査によって明らかにされなければならない。その匿名性《とくめい》と客観性が部落差別の存在を正しく映し出す。そして私たちはその結果を学習し、理性的に受け止めなければならない。そのとき初めて部落差別の存在を理解し始める。

部落差別解消推進法は第六条で実態調査の実施を取り上げ、第五条で教育及び啓発を謳《うた》っているのは、まさに部落差別の存在についての科学的な社会的合意を形成するうえで、それが必須の要件であるからである。そしてこの取り組みがより徹底して取り組まれていくとき、差別の存在認識における差別のカラクリは暴露され、市民の実感との乖離《かいり》は解消されていくに違いない。

2 第2のポイント─差別のとらえ方のパラダイム転換（第一条）

社会変革を謳った部落差別解消推進法

●被差別当事者対策という発想

部落差別解消推進法の第一条は、「部落差別のない社会を実現することを目的とする」と閉じられている。部落差別のない社会づくり（社会変革）をその目的として打ち出したのである。画期的である。ブラボーと叫びたくなる。どこがすごいのか、それが学びの第2のポイントである。

一九六九年に制定された同和対策事業特別措置法の第一条は「対象地域における経済力の培養、住民の生活の安定及び福祉の向上等に寄与することを目的とする」と結ばれている。つまり部落の生活実態の改善が、法のめざしたものであった。以後、二〇〇二年三月の「地対財特法」期限切れにいたるまでの三三年間の法律は、その名称や対象事業を異にしつつもいずれも「部落を変える」「部落を救済支援する」ための法律であった。

こうした発想は何も部落問題だけに限られたものではない。わが国における差別問題をはじめとするさまざまな社会的困難を抱えた人びとへの取り組みは、そのいずれもが「被害者を救済する」という被差別者対策という発想から組み立てられてきた。障害者問題を見るとそれがよくわかる。障害者問題に取り組むということは、障害者の方に体の向きを据えて、障害者に対して何か手立てを講じることとして展開されてきた。たとえばそれが障害者に対する福祉給付金であったり、共同作業所の支援であったりである。それゆえに、障害者問題の行政窓口といえば福祉部や民生部局が一般的である。

北海道庁が実施しているアイヌ民族問題に対する取り組みも同様である。同庁が二〇一五年七月に打ち出したアイヌ民族問題への取り組み方策を見ると、高校や大学、専修学校等の修学資金や入学支度金の支給、職業訓練の受講機会の確保、経営近代化施設の整備、生活向上振興資金の貸し付け、生活相談員の配置、住宅新築・改築及び宅地取得資金の提供など、いずれもアイヌの人びとに対する支援策が列記されている。

部落問題への取り組みが社会的に浮上してきたとき、それが同和地区や同和地区住民に対する特別対策（同和対策事業）として構想されたのはその意味では至極当たり前のこととしてあったと言えよう。

こうした取り組みはいずれも大きな成果を築き、高く評価されなければならない。一つ一つの施策は被差別当事者の命綱となり、人権の保障に大きく貢献した。本当に大切な取り組みであった。

しかしこうした被差別当事者対策という発想と手法は、差別の実態を「改善」しこそすれ「解決」にまで導くものではなかった。なぜなら、差別の原因は当事者の側にあるのではなく、区別を差別に転化している社会のあり方にこそ問題があるからである。

障害者への福祉施策をいくら充実しても、障害者差別の解消にはいたらない。障害者の生きづらさは、健常者中心の社会の現状との関係において生じているからである。部落問題もまた、同和対策事業のかなたに差別からの解放が約束されるものではない。部落がいくら変わっても、結婚差別や就職差別、インターネット上の差別状況は解決しない。

●「部落を変える」から「社会を変える」へ

部落差別解消推進法はこの点に切り込んだ。部落差別を許している社会の現実がある以上、そんな社会の変革を成し遂げることによってこそ部落差別を解消することができることを明記した。それが「部落差別のない社会を実現することを目的とする」との一文である。「部落差別改善推進法」ではない、「部落差別解消推進法」であることの面目躍如がここにある。

差別の結果に対する「補償」から、差別の原因の変革にせまる人権社会の「建設」へ。「部落を変える」法律から「社会を変える」法律へ。まさに差別のとらえ方におけるパラダイムの転換である。それを部落差別解消推進法の第一条に見ることができる。

実は一九六五年に出された同和対策審議会答申は、すでにそのことを指摘していた。「同和問題もまた、すべての社会事象がそうであるように、人間社会の歴史的発展の一定の段階において発生し、成長し、消滅する歴史的現象にほかならない」、「いかなる時代がこようと、どのように社会が変化しようと、同和問題が解決することは永久にありえないと考えるのは妥当ではない」と。社会を変えれば差別はなくなる。差別のない歴史を作り上げようと答申は訴えていた。半世紀あまりの歳月を経て、ついにこの指摘が社会の規範たる法律に明記された。

障害者差別解消法に見る「社会モデル」論の登場

「差別解消とは社会の変革によって成し遂げるものである」と部落差別解消推進法が打ち出した差別のとらえ方は、同じ年（二〇一六年）の四月に施行された障害を理由とする差別の解消の推進に関する法律（以下、障害者差別解消法とする）にも貫かれている。同法の目的を記した第一条の終わりは次のようにくくられている。「……もって全ての国民が、障害の有無によって分け隔てられることなく、相互に人格と個性を尊重し合いながら共生する社会の実現に資することを目的とする」と。

障害者差別解消法に貫かれている障害者差別のとらえ方は、「社会モデル」と呼ばれるものである。これまでの障害者差別のとらえ方は「医学モデル」と呼ばれるものであり、当事者の機能障害（インペアメント）が社会生活を営むうえでの困難や生きづらさを引き起こしているととらえられてきた。たとえば、「Aさんは足が動かないので車いすを使用している。そのため、このビルの五階の会議室に行けない」という受け止め方である。

これに対して「社会モデル」というとらえ方では、「このビルに車いすで昇降できるエレベーターが設置されていないために、Aさんは五階の会議室に行けない」ということになる。障害は個人の心身の特徴と社会環境との相互関係のなかから生じる障壁であり、こうした障害者への合理的配慮の欠如こそが差別であるととらえた。そのとき、差別解消のために変わるべきは障害者ではなく、社会のあり方であることが提起される。障害者差別解消法はこの「社会モデル」に立脚し、社会的障壁の除去の実施についての必要かつ合理的な配慮を行政機関や事業者に求めた。こうした健常者中心の社会のあり方の改革のかなたに障害者差別の解消があるとしたのである。

差別解消法の対象者は誰か

社会の変革による差別の解消が目的である以上、これらの法律が主に対象とするのは広く国民、市民である。部落差別解消推進法を読み直してみても、そのどこにも部落や部落出身者に対する特別対策事業を復活するなどという条文はない。第二条の基本理念にある通り、「部落差別の解消に関する施策は、全ての国民が等しく基本的人権を享有するかけがえのない個人として尊重されるものであるとの理念にのっとり、部落差別を解消する必要性に対する国民一人一人の理解を深めるよう努める」ことが肝心であり、それによって「部落差別のない社会を実現することを旨として、行われなければならない」のである。その基本理念にのっとった部落差別解消の施策を講じるのであり（第三条）、教育及び啓発を推進すること（第五条）が求められているのである。その意味では、従来の部落問題に関する法律が部落に向けて組み立てられていたことに対して、部落差別解消推進法は「初めての市民を対象にした部落問題の法律」であると言えよう。

それはまた、障害者差別解消法においても同様である。同法には障害者に対する福祉施策（特別対策）が取り上げられている項目はない。「障害がある者にとって日常生活又は社会生活を営む上で障壁となるような社会における事物、制度、慣行、観念その他一切のもの」を社会的障壁と定義し（第二条）、行政機関等や事業者に対して「社会的障壁の除去の実施について必要かつ合理的配慮をする」こと（第七条）（第八条）を求めた。そして国民の責務として「障害を理由とする差別の解消の推進に寄与するよう努めなければならない」（第四条）

と定めた。明らかにこの法律の対象者は行政機関、事業者、国民、市民である。障害者差別解消法は「初めての広く市民を対象にした障害者問題の法律」なのである。この法律の主管省庁が、厚生労働省ではなく内閣府となっているのはそのためである。

差別のとらえ方の発展は、憲政史上初めて社会変革による差別の解消を打ち出し、国民・市民を対象にした部落問題や障害者問題の法律を誕生させた。

問われているのは「区別」を「差別」に転化した社会のあり方

部落差別の原因は、部落に生まれ育った人とそうではない人との出生地や現住所、生育地の「区別」にあるのではない。もしそれが差別の原因であるとすれば、部落出身者は生涯部落差別から逃れられないことになる。人は生まれ直すなどという「区別の変更」はできないからである。

こうした差別のとらえ方は「宿命論」と呼ばれてきた。それは、部落に生まれた自分への自尊感情を傷つけた。命を授けてくれた親さえ恨むことがあった。そして差別から解放されたいという切なる願いは、何とか部落とのかかわりを隠し、「わからないように」「関係がないように」「無関心なことのように」振る舞うことを強いた。しかしもうこれ以上差別への悲憤に耐えかねたとき、取り返しのつかない悲劇さえ引き起こすことになったのである。

しかし、そんな差別のとらえ方は間違っていることを部落差別解消推進法は法律において明記してくれた。「区別」は「区別」に過ぎない。国籍、民族、宗教、言語、年齢、身体的特徴など、人間はみな一人一人異なっている。同じ遺伝子を有する他者など存在しない。それは個性であり、偶有的特性と呼ばれる豊かさである。

出生地や生育地、本籍地も然りである。ところがある時代、ある社会はこうした「区別」に優劣をつける。上下、尊卑の価値観を形成する。それが「差別」である。

在日韓国・朝鮮人差別を見ればそのことは一目瞭然である。韓国・朝鮮人という「区別」に差別の原因があるのであれば、世界中のどこの国においても、「在○○国韓国・朝鮮人差別」が生じていなければならない。しかしそんなことは聞いたことがない。唯一韓国・朝鮮人であることによる差別が存在するのは日本だけである。つまりは韓国・朝鮮人に対する差別は、国籍や民族という「区別」にではなく、日本社会の歴史や現状のなかにその原因が存在しているということなのである。

経済学者であり哲学者であるマルクスが『賃労働と資本』という本のなかで、「黒人は黒人である。一定の諸関係のもとで、初めて彼は奴隷となる」と記し、黒人という「区別」が、奴隷という「差別」の対象にされるのは「一定の諸関係」がなせる業であることを指摘しているのはまさにこの点を突いている。

「同対審」答申が部落問題を「重大な社会問題である」とわざわざ社会問題と定義したのはそれゆえである。この問題を心の問題や道徳の課題に矮小化《わいしょう》してはいけない。部落差別解消推進法は「部落差別のない社会を実現することを目的とする」と明言し、「宿命論」をあらためて否定した。社会変革こそが差別解消の道であることを明記した。

解放への展望

「区別」と「差別」との関係について、大学の講義でこんな場面があった。女性差別の問題を講義していたときのことである。「女子学生の諸君のなかには、自分は女だから女性差別を受ける可能性がある、と思っている人がいるのではないですか」と問いかけると、多くの受講生がうなずくなか、一人の学生が手を挙げてこう言った。「先生、そんなこと当たり前ではないですか。私は女だから女性差別を受ける可能性があるのであり、もし私が男に生まれていれば女性差別なんて受けないじゃないですか」と。

そこで私はこう言い返した。「ああそうですか。あなたは自分は女だから女性差別を受けるかもしれないと思っているのですね。だとすれば、あなたが女性差別から解放されようと思えば、あなたは男になるしか道はないですよね」と。彼女は変な顔して聞いていた。

そこでさらにこう続けた。「だとすれば、世の中から女性差別をなくそうと思えば、すべての女性が男性にならなければならないということになります。しかしそんなこと、できるはずはないですよね。だとすれば女性差別はなくならないということになりますね。ですから女子学生の諸君、女性差別を受ける可能性をなくすことはあきらめてもらうしかないですね」と。

教室にはブーイングが起こり、「人権問題の先生がそんなことを言っていいのですか！」との抗議の声も聞こえた。私はこう反論した。

「これは、私の意見ではありません。皆さんが、女だから女性差別を受ける可能性が生まれるというのでそれを整理して述べただけです。皆さんの意見なのです。しかし、それは間違っている」と。そしてこんなたとえを上げてみた。

「もしあなたのお家でお母さんが、『自分は女に生まれてきて損をした。炊事、洗濯、掃除、朝みんなを起こして、スーパーに買い物に行くのもみんなお母さんだ。もうしんどい。疲れてきた』と嘆いていたらどう声を掛けますか。『お母さん、女に生まれて損したね。だから今度生まれてくるときには、男に生まれておいでや』と、そんな殺生なことは言わないですよね」と。そしてこう続けた。「そのとき皆さんはこう言わなくてはいけないのではないですか。『お母さん、お母さんのしんどいのはよくわかる。しかしそれはお母さんが女だからそうなっているのではないよ。うちのお父さんの出来がもうひとつだから、お母さんはしんどくなっているだけなんだ』と。機械的に平等にとは言わないけれど、朝ご飯は家族みんなで交代で用意する。洗濯物は自分のものは自分でたたんでしまう。土曜、日曜くらいはお父さんが夕食の用意をするといった具合に、みんなで家事労働をうまく分担すれば、きっとお母さんはそんな愚痴をこぼすことはないはず。逆に、いい家族に恵まれてよかったと感じて、もっと活き活きするはずじゃないですか」と。

そしてこう締めくくった。「お父さんが変わるのは今晩からでもできる。お母さんは生まれ変わらなくても活き活きと生きていけるのです。家族は社会の最小単位。今このお母さんのところに世の中の女性を、そしてお父さんのところに世の中の男性を置き換えると、世の中の男性のあり方、価値観、男性中心の社会の仕組みが変わりさえすれば、女性はもっと活き活きと気持ちよく生きていけるんじゃないですか。だから女性差別はなくせます。それを担うのはあなた方自身です。だからこそ、こうした人権の学習が行われているのではないでしょうか」と。

差別は人間の営みが創り上げてしまったものである。だとしたらそれは人間の営みによってなくすことができる。そんな社会に変革すればよいのである。差別はなくすことができる。だからこそがんばれる。だからこそ部落解放運動は差別の現実を世に問い、差別のない社会の実現を訴える。そして、取り組めば差別は解消されるからこそ、市民への期待は高まり、権力を付託された行政にはそれを実現する責務が生じるのである。部落差別解消推進法の第一条が示した差別のとらえ方におけるパラダイム転換は、そんな勇気と展望を与えてくれている。

3　第3のポイント──「寝た子を起こすな論」への実践的決着（第五条）

「寝た子を起こすな論」を否定した部落差別解消推進法

部落問題に限らずさまざまな差別問題の解決に向けた取り組みには、必ずと言っていいほど立ちはだかる三つの壁がある。一つは、「もうそんな差別なんか存在しない。あってもたいしたことではない」という差別の存在の軽視や否定である。だから「取り組む必要はない」となる。部落差別解消推進法はこの第一の壁に対して、第一条で「現在もなお部落差別は存在する」とこれを明確に否定した。

「差別の存在認知」という第一の壁を乗り越えたところに、今度はそれをいかに受け止めるかという第二の壁が登場する。それが「宿命論」である。「取り組んだところで差別はなくなるものではない」というこの考え方は、取り組みへの熱意をそぎ、部落問題解決への希望を打ち砕く。部落差別解消推進法はこの第二の壁に対して、同じく第一条で「部落差別のない社会を実現する」として「宿命論」を拒絶した。

そして第三の壁が「寝た子を起こすな論」である。「生まれたばかりの赤ちゃんは世の中に部落差別があることなど知っているはずはないし、当然、差別意識なども持ち合わせてはいない。だからそのままそっとしておいたらよい。そうすれば差別は自然に消えていく」という主張である。「であるから、寝た子を起こすような教育や啓発は行わないほうがよい。それは逆効果である」となり、一切の取り組みへの大きな抑止力となってきた。この第三の壁を打ち破っているのが部落差別解消推進法の第五条であり、「部落差別を解消するため、必要な教育及び啓発を行う」とし「寝た子を起こすな論」を真っ向から否定した。

この考え方は一九六五年の「同対審」答申でも取り上げられ、「『寝た子を起こすな』式の考えで、同和問題はこのまま放置しておけば社会進歩にともないいつとはなく解消すると主張することにも同意できない」（第一部　同和問題の認識）と明確に否定されている。それを踏まえて学校における同和教育や市民に対する部落問題の啓発活動が広く展開されるようになってきた。にもかかわらず、なぜ今回の法律においてあらためてこれを否定する条文を書き込まなければならなかったのだろうか。学びの第3のポイントはこの点である。

念のためもう一度、第五条を読み直してみよう。「寝た子を起こすな論」を否定し、部落差別を解消するための教育・啓発活動を推進しようと明記されている。

【部落差別解消推進法】

（教育及び啓発）

第五条　国は、部落差別を解消するため、必要な教育及び啓発を行うものとする。

2　地方公共団体は、国との適切な役割分担を踏まえて、その地域の実情に応じ、部落差別を解消するため、必要な教育及び啓発を行うよう努めるものとする。

「地対財特法」期限切れ後の部落問題学習の後退

二〇〇二年三月の「地対財特法」期限切れ後の部落問題に対する取り組みの引き潮ムードは、教育・啓発分野にも色濃くおよんだ。もちろん「人権教育及び人権啓発の推進に関する法律」が二〇〇〇年に制定され、そ

図 3　学校での同和教育・部落問題についての学習経験（近畿大学学生人権意識調査）

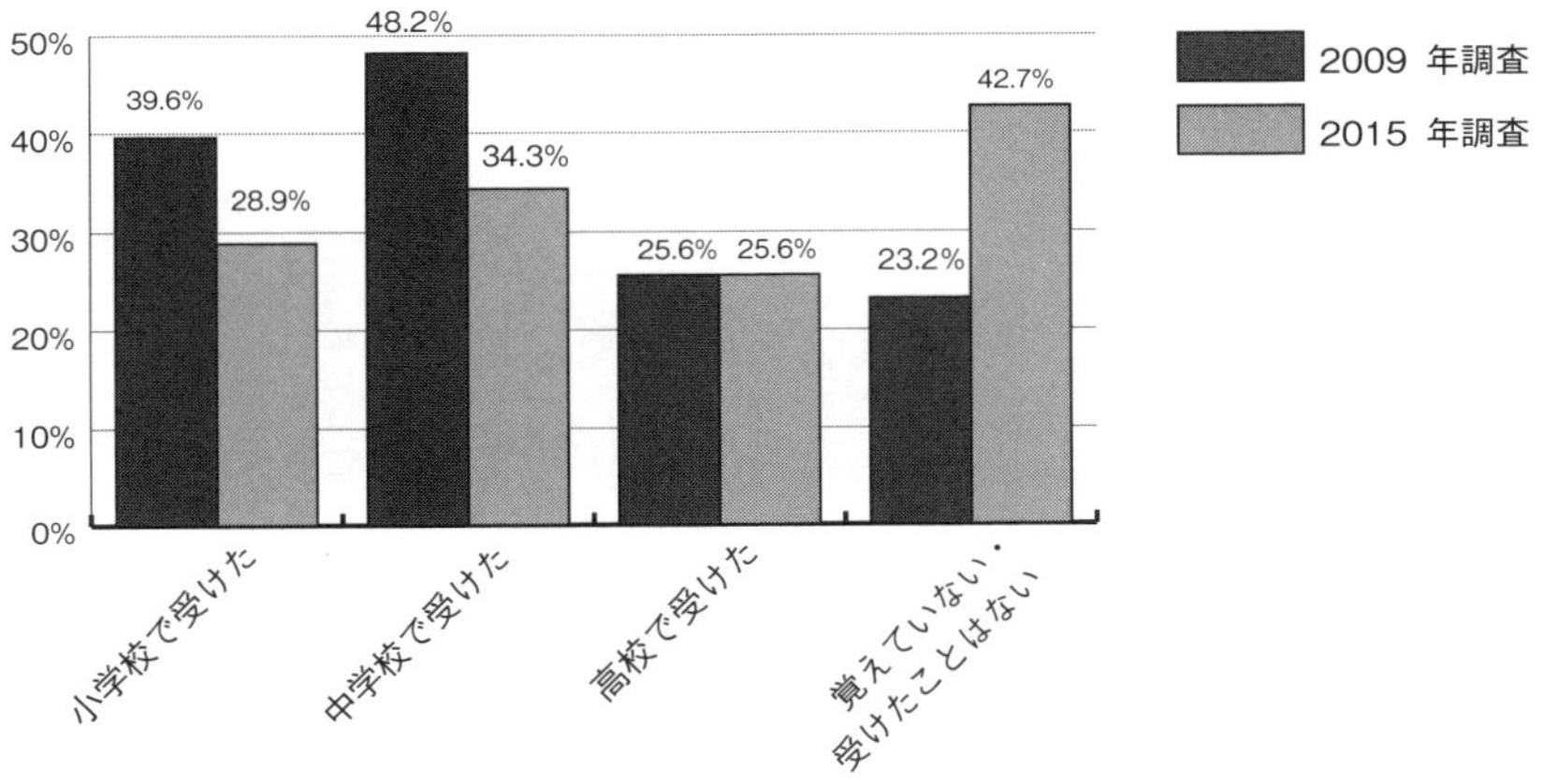

の第一条には、「社会的身分、門地、人種、信条又は性別による不当な差別の発生等の人権侵害の現状その他人権の擁護に関する内外の情勢にかんがみ、人権教育及び人権啓発に関する施策の推進について、国、地方公共団体及び国民の責務を明らかにする」と記され、その「社会的身分」が意味する不当な差別が部落問題であることは周知の事実である。にもかかわらず「地対財特法」の期限切れ後にあっては、部落問題の取り扱いが薄められ、「部落問題抜きの人権教育」の傾向すら出てきた。

図3は、近畿大学人権問題研究所が毎年、各学部ごとに約一〇〇人の学生を抽出して行っている人権意識調査の結果である。年ごとに調査テーマを変えており、二〇〇九年調査と二〇一五年調査は部落問題を中心とする調査であった。両調査では「あなたは、これまでに学校で、同和教育・部落問題についての学習を受けたことがありますか（複数回答可）」との質問が設けられており、この図はその結果を比較したものである。

これを見ると、「小学校で受けた」が三九・六%から二八・九%へと一〇ポイントほど下がっており、「中学校で受けた」も四八・二%から三四・三%へと一四ポイントほど下がっている。その反映として、「覚えていない、受けたことはない」が二三・二

％から四二・七％へと急増している。二〇〇九年は「地対財特法」期限切れ後七年目であり、二〇一五年は一三年目である。学生たちの実態のなかに、「地対財特法」期限切れ後の学校現場における同和教育・部落問題学習の退潮が浮かび上がっている。

この変化は、「地対財特法」期限切れの意味を誤解した結果によるものであることは間違いない。しかしその誤解を支えたものとして、「同対審」答申以降もくすぶり続けてきた「寝た子を起こすな論」が影響を与えていると考えるのは筆者だけであろうか。法的空白一四年の間に、「寝た子を起こすな論」が息を吹き返し始めていることが危惧される。

「寝た子を起こすな論」の威力

「寝た子を起こすな論」の威力は侮《あなど》れない。そのことをこれまでの意識調査から検証しておく。

大阪府は一九八五年、一九九〇年、一九九五年と五年間隔で府民に対する人権意識調査を実施している。図4は、これらの調査における「部落差別をなくすために、どうすればよいとお考えですか。いちばん重要だと思うもの一つに印をおつけ下さい（部落差別をなくす方法）」という質問に対する回答結果である。「寝た子を起こすな論」はこのうち、「そっとしておけば、自然に〝差別〟はなくなる」という選択肢で設定されている。

一見してわかるのは、「人権を大切にする教育・啓発活動を積極的に行う」と「そっとしておけば、自然に〝差別〟はなくなる」の二つの項目の割合が突出していることである。「人権を大切にする教育・啓発活動を積極的に行う」という方法への支持が高いのは妥当な結果と言えよう。しかしこれを否定する「寝た子を起こすな論」がほぼ同じ割合で支持されていることに驚きを覚える。しかも「部落差別をなくすためにいちばん重要

図4　部落差別をなくすための一番重要な方法

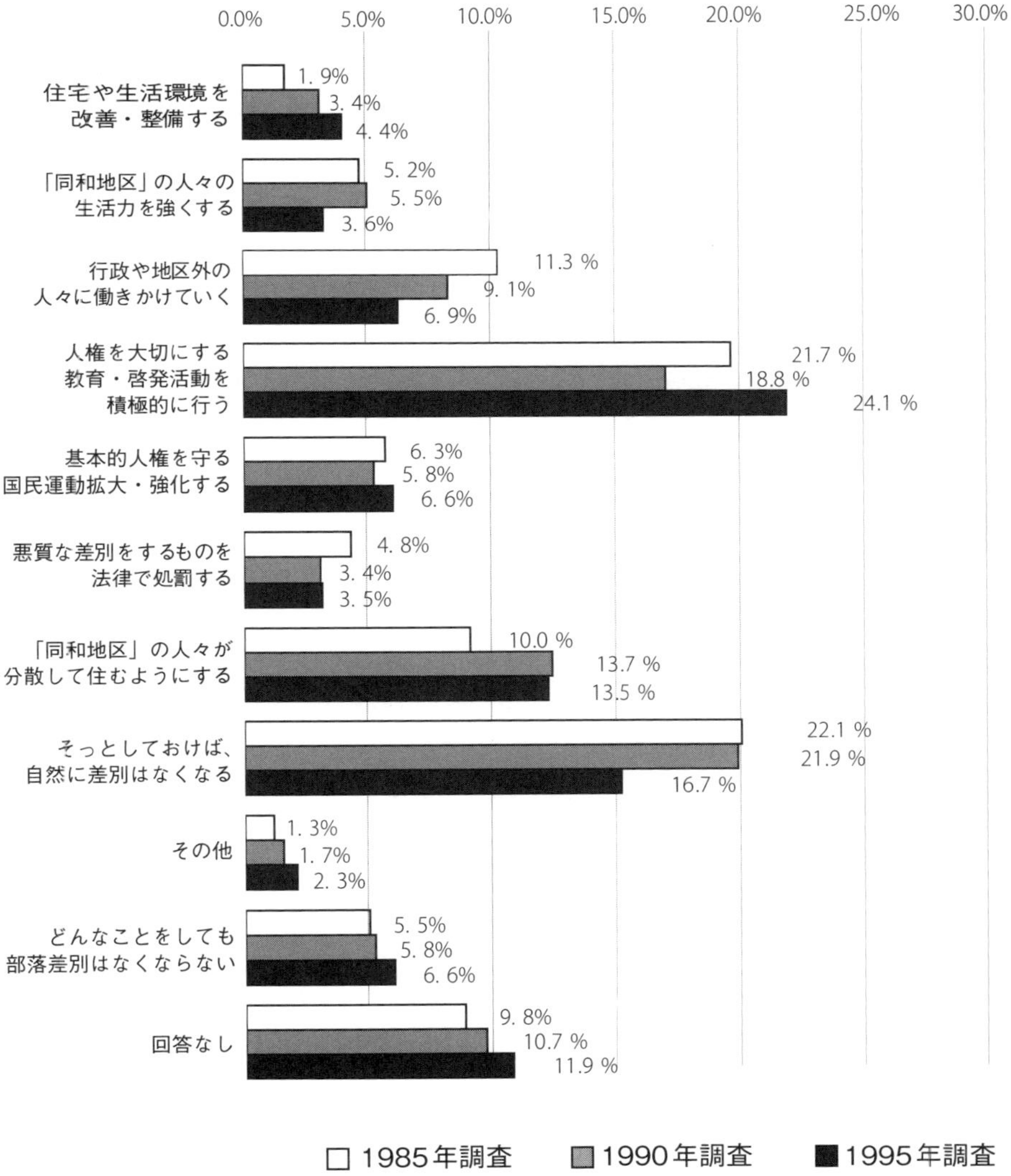
0.0%
5.0%
10.0%
15.0%
20.0%
25.0%
30.0%
住宅や生活環境を改善・整備する
1. 9%
3. 4%
4. 4%
「同和地区」の人々の生活力を強くする
5. 2%
5. 5%
3. 6%
行政や地区外の人々に働きかけていく
11.3 %
9. 1%
6. 9%
人権を大切にする教育・啓発活動を積極的に行う
21.7 %
18.8 %
24.1 %
基本的人権を守る国民運動拡大・強化する
6. 3%
5. 8%
6. 6%
悪質な差別をするものを法律で処罰する
4. 8%
3. 4%
3. 5%
「同和地区」の人々が分散して住むようにする
10.0 %
13.7 %
13.5 %
そっとしておけば、自然に差別はなくなる
22.1 %
21.9 %
16.7 %
その他
1. 3%
1. 7%
2. 3%
どんなことをしても部落差別はなくならない
5. 5%
5. 8%
6. 6%
回答なし
9. 8%
10.7 %
11.9 %
1985年調査
1990年調査
1995年調査

図5　「寝た子を起こすな論」に対する支持状況

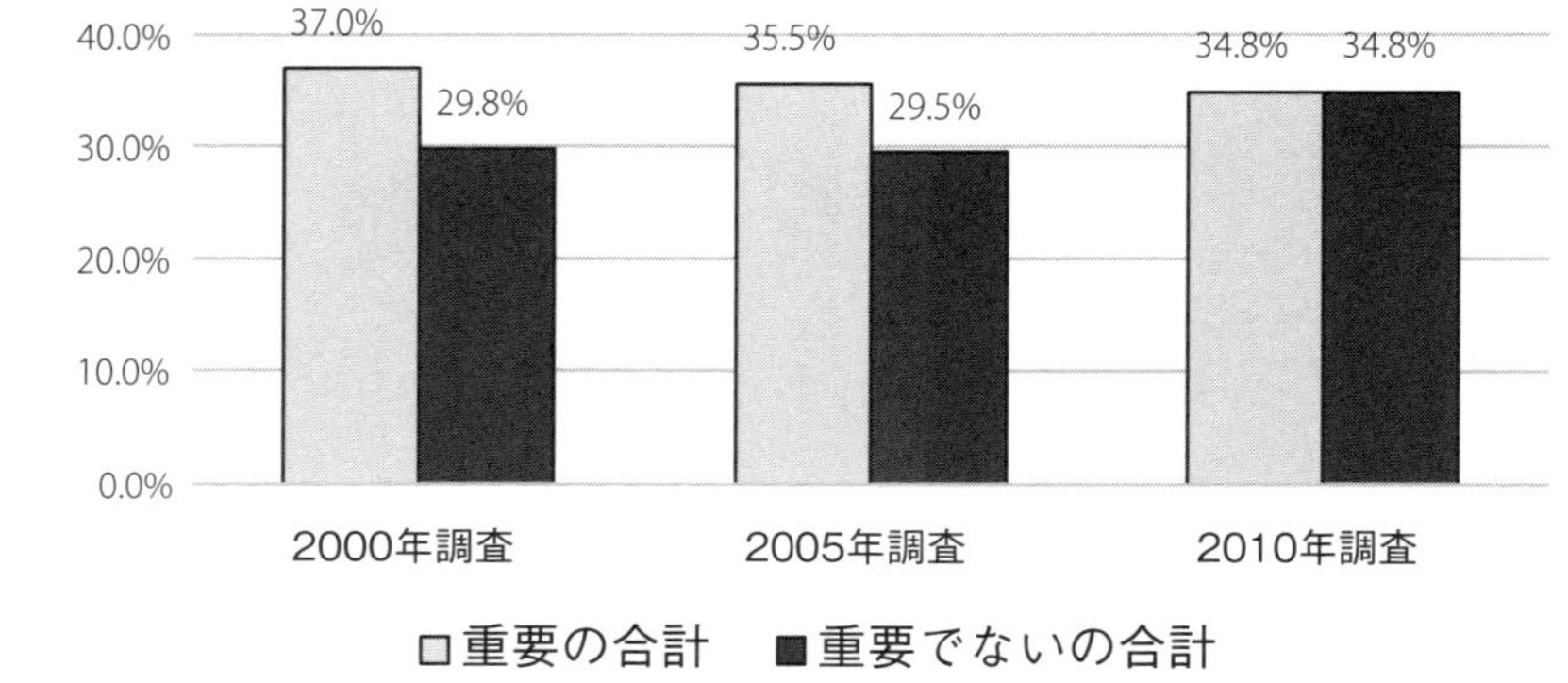

図6　全国各地での「寝た子を起こすな論」の支持状況

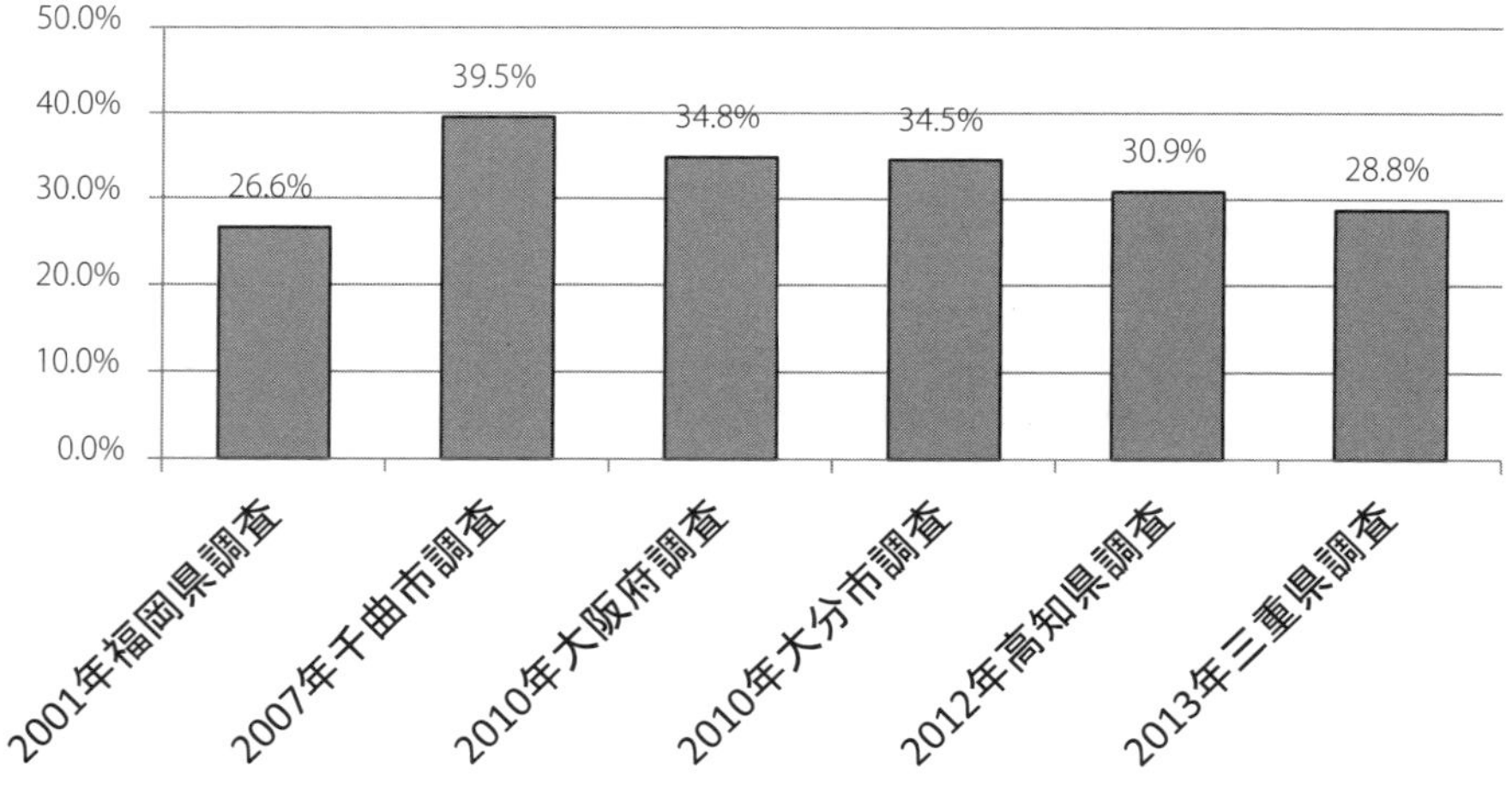

だと思うもの」としてである。

二〇〇〇年、二〇〇五年、二〇一〇年に同じく大阪府が府民意識調査を実施した。これらの調査では質問内容が少し変わり、「同和地区出身者に対する差別をなくすために、次にあげる意見はどの程度重要と思いますか」との問いかけのなかで、「『同和地区』のことや『差別』があることは口に出さないで、そっとしておけば自然に『差別』はなくなる」という表現で「寝た子を起こすな論」への支持・不支持を問うている。図5は回答結果で「非常に重要」および「重要」として取り上げている人の合計と、「重要でない」および「あまり重要ではない」とした人の合計とを比較している。いずれの調査においても「寝た子を起こすな論」の支持が不支持を上回るか同率であり、その高い支持率が維持されている。大阪府の調査結果で見る限り、一九八五年から二〇一〇年まで、四半世紀にわたって「寝た子を起こすな論」を肯定する意見が脈々と受け継がれていることがわかる。

図6は、全国各地での意識調査における「寝た子を起こすな論」への支持の状況を示したものである。全国的に「寝た子を起こすな論」が、なお多くの市民をとらえている様子が示されている。「寝た子を起こすな論」、侮れずである。

「寝た子」は起こされている

●そっとしておいても部落問題を知っていく

「寝た子を起こすな論」は間違っている。そのもっとも明確な理由は、「部落問題を教えなければ、みんなが知らなくなる」という前提そのものが間違っている点にある。たとえ学校教育や市民啓発において部落問題を取り上げなかったとしても、社会にこうした差別が広く存在している以上、市民はいつとはなしにそれを知ってしまうからである。

実際、部落問題に関する知識や認識はどのようなルートから市民のなかに入り込んできているのだろうか。表4は、二〇一五年に実施された大阪府の府民人権意識調査において、「あなたは日本社会において、同和問題や部落問題などと呼ばれている差別の問題があることをはじめて知ったのは、どういうことがきっかけです

表4　部落問題をはじめて知ったきっかけ（2015年大阪府調査）

学校の授業で教わった	28.2%	公的な情報源	35.4%
講演会や研修会で聞いた	3.7%		
行政の広報誌などで読んだ	3.5%		
父母や家族から聞いた	28.5%	私的な情報源	75.8%
近所の人から聞いた	5.5%		
学校の友達から聞いた	7.4%		
職場の人から聞いた	5.2%		
テレビ、新聞、書籍などで知った	9.9%		
インターネットのサイトで知った	0.1%		
近くに同和地区があった	10.6%		
自分の身近で同和問題に関する差別があった	2.8%		
その他	1.7%		
覚えていない	4.1%		
知らない	3.2%	知らない等	13.2%
無回答・不明	10.0%		

か」という質問に対する回答結果である。

「はじめて知った」という条件付きの質問であったが、複数選択した回答者があったため、その合計は一〇〇％を超えていることに留意したうえその結果を見ると、最も多かったのは「父母や家族から聞いた」の二八・五％で、次が「学校の授業で教わった」の二八・二％であった。回答結果のうち、学校の授業や講演会、研修会、行政の広報誌などという公的な情報源によるものを合計すると三五・四％である。他方、父母や家族、近所の人、友だち、職場の人、マスメディア、同和地区の近隣、身近での差別の見聞など私的な情報源の合計はその倍以上の七五・八％に達している。

つまり、学校や行政などによる同和教育や人権啓発を受けなくても、四人に三人以上の市民は、日常生活を過ごすなかで部落問題を知るにいたっているのである。部落問題を「知らない」人は、「無回答・不明」を加えても一三・二％にとどまっている。そっとしておいてもみんな部落問題を知っていく状況

表5　部落問題に関して飛び交っている噂とその受け止め（2013年三重県調査）

	そのような話を聞いたことはない	そのような話を聞いたことがある	その通りだと思った	そういう見方もあるのかと思った	疑問に感じた	反発を感じた	無回答
同和問題には関わらない方がよい	53.8%	41.8%	7.8%	21.0%	8.8%	4.2%	4.4%
同和地区の人は、こわい	43.6%	51.5%	8.4%	27.5%	11.2%	4.4%	5.0%
同和地区の人は、何かあると集団でおしかけてくる	47.5%	47.6%	11.2%	24.3%	9.4%	2.7%	4.8%
同和地区の人は、言葉じりをとらえて差別だと問題にする人が多い	50.5%	44.0%	11.5%	24.4%	6.3%	1.8%	5.5%

が示されている。

●部落問題に関する情報の中身とイメージ

では、部落問題に関するどんな情報が入り込んでいるのだろうか。

表5は、二〇一三年に三重県が実施した県民人権意識調査での「最近五年間で、あなたは同和問題について次のようなことを聞いたことがありますか。そのときに、あなたはどのように思いましたか」という質問に対する回答結果である。

調査が示している第一の点は、「同和問題には関わらない方がよい」「同和地区の人は、こわい」「同和地区の人は、何かあると集団でおしかけてくる」などといった偏見に満ちた話を五割前後の人が聞いたことがあるとしている点である。二人に一人が聞いているというのは、こうした偏見が実に広く流布されていることを示している。

第二の点は、「そのような話を聞いたことがある」とした人の反応である。たとえば「同和地区の人は、こわい」という話の場合、「その通りだと思った」が八・四％、「そ

図6　同和地区という言葉のイメージ（2005年大阪府調査）

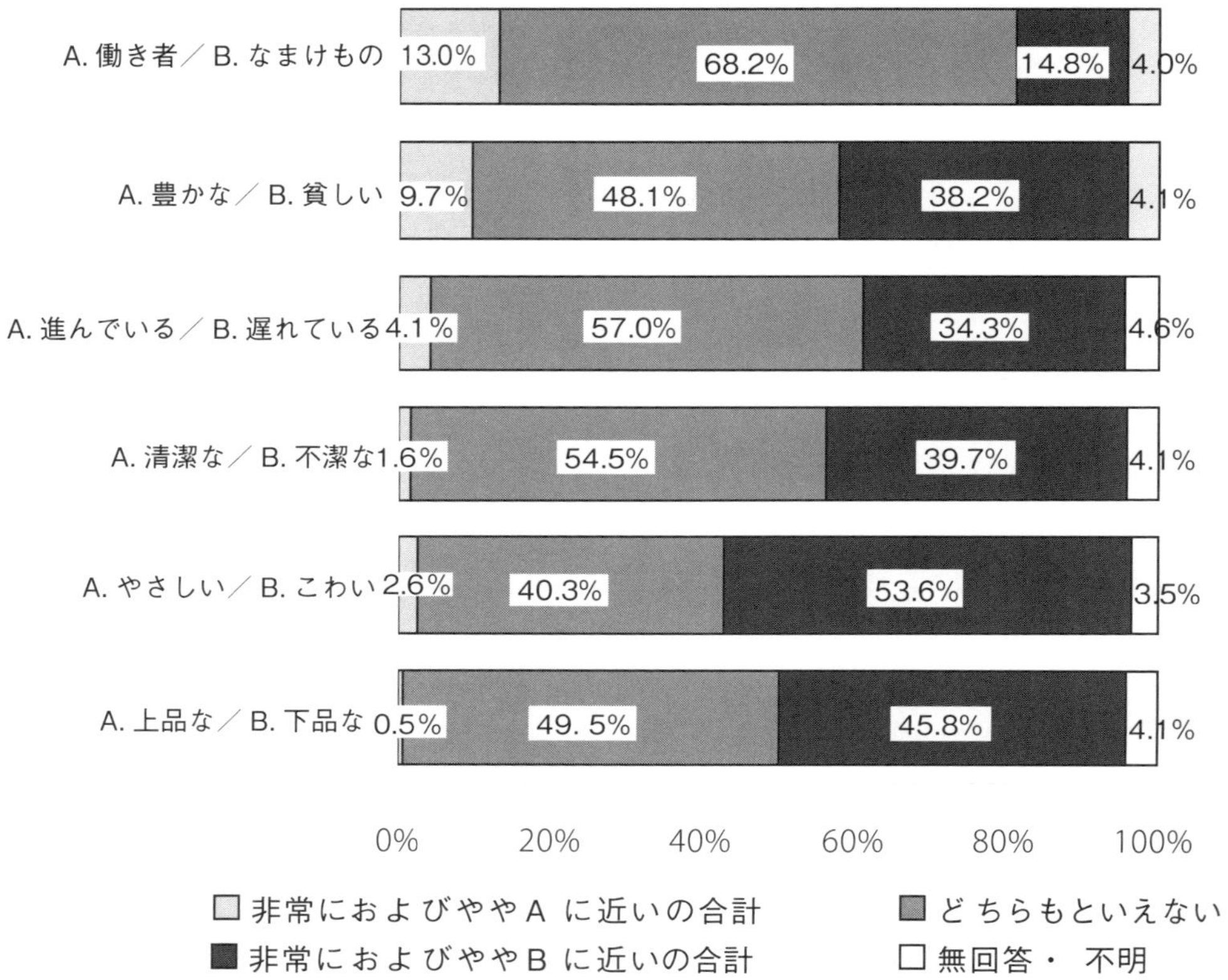

ういう見方もあるのか思った」が二七・五％ある。

確かに同和地区には「こわい」と感じさせる人がいるだろう。しかし「やさしい」と感じさせる人がいることも確かである。しかもそうした「こわい」と感じさせる人や「やさしい」と感じさせる人の存在は何も同和地区に限ったことではない。にもかかわらず、「同和地区の人は、こわい」と決めつけるような話を聞いたときに「疑問に感じた」人が一一・二％にとどまり、一方的にそのような話をすることに「反発を感じた」人は四・四％にとどまっている。もしこれが「三重県の人はこわい」という話であれば、きっと三重県民の回答者の圧倒的多数が「疑問に感じた」や「反発を感じた」になるだろう。部落に関するマイナス情報の場合には、それがすんなり受け入れられるところに「差別」がある。

調査の結果は、まだまだ部落問題に関する差別的な情報が飛び交っており、しかもそれが安易に受け入れられている状況を示している。こうした部落問題に関する社会状況のなかで、私たちは部落問題に関する認識を形成している。

図6は、二〇〇五年大阪府民人権意識調査での「あなたは同和地区（被差別部落）という言葉をきいたとき、どのような感じを持ちますか」との質問に対する回答結果である。Aは肯定的なイメージを表しており、Bは相反するマイナスイメージを表現し、それをセットにしている。回答結果は「非常にAに近い」と「ややAに近い」を一くくりにし、また「非常にBに近い」と「ややBに近い」を一くくりにして図示したものである。

明らかにマイナスのイメージが、多くの回答者をとらえていることがわかる。たとえば、「清潔な／不潔な」では、「清潔な」のイメージを持っている人は一・六％であるのに対して、「不潔な」というイメージは三九・七％の人に共有されている。「やさしい／こわい」では、「やさしい」のイメージを持っている人が二・六％に対して、「こわい」は二〇倍以上高い五三・六％に達している。部落に対するマイナスイメージが市民を強く支配している。

「寝た子を起こすな論」の間違いと罪

●問われているのは知識や情報の中身

私たちの知識や認識は、けっして学校や行政からの情報提供といった「公の取り組み」によってのみ形成されているのではない。もちろん、数学の方程式の解き方や歴史的出来事に関する知識は学校での学習の結果であろう。ゴミの分別収集や公共施設の利用方法は市役所の広報などによって得られる情報である。

しかし「公の取り組み」によって得られるこうした知識や情報は、私たち自身の持っている巨大な知識や情報量のほんの一部分を形成しているに過ぎない。むしろその大半は、生まれて以降の日常生活におけるさまざまな機会を通じて得られていく「生活知」と言えるものである。親子の会話、近所での体験、テレビやインターネット、新聞や雑誌・図書、友だちとの経験などなど、毎日の暮らしのなかから現代を生きる一人一人の知識や認識が形成されている。子どもたちがいつの間にか携帯電話やパソコンを使いこなし、流行歌を口ずさむようになっていくなどはその例である。

つまり、「寝た子を起こすな論」を真に受けて部落問題学習や人権啓発を実施しないということは、市民が「部落問題を知らなくなる」ということではなく、部落問題に関する社会的情報の現状をふまえれば、往々にして「部落問題を差別的に知ってしまう」ことを意味するのである。そのことをこの間の調査は科学的に立証している。

学校教育や市民啓発において部落問題を取り上げないということは、正しい部落問題に関する知識や認識の蛇口が閉じられるだけで、逆に漂っている差別的なうわさや部落に対するマイナスのイメージにどっぷりと浸かりながら、それらを無自覚に吸収してしまうということを意味する。そもそも、現に部落問題が存在している社会において、学校や行政が教えなかったからといって、一億数千万人の国民市民が部落問題を知らなくなるというようなことは土台無理なことである。問題は「部落問題を知っているか否か」という部落問題に関する知識や認識の有無ではなく、それをどのように知っているのかというその知識や認識の中身こそが問われなければならないのである。

●「寝た子を起こすな論」は机上の空論

「寝た子を起こすな論」の間違いは歴史の事実によっても立証されている。江戸時代の賤民身分制度の廃止を謳った「解放令（一八七一年）」により、「制度としての差別」はなくなった。しかしこれによって「差別」がなくなったわけではない。明治の新しい社会が形成されていくなかで、近世の差別が新たな社会的価値観のもとで「近代の部落問題」として再編され、差別の現実はより厳しくなった。明治政府はこうした状況に対して部落問題の教育や啓発は何もしなかった。それは地方自治体においても同様である。同和教育や市民啓発はなされず、もちろん続々と誕生していった民間企業が、部落問題をテーマに社内研修をすることもなかった。まさに官民を挙げて「寝た子を起こすな論」が実践され、この問題はそっと静かに放置され続けた。

それによって部落差別はいつとはなしに解消の方向に進んでいったのだろうか。事実は逆である。部落に対する差別はむしろ厳しさを増した。だからこそ、「解放令」から五一年を経た一九二二年に部落の人びとは全国水平社を結成して、部落解放運動を開始したのである。「寝た子を起こすな論」は歴史の事実からも否定される机上の空論である。

●「寝た子を起こすな論」の罪

さらにこの考え方は、部落の人びとに「黙って差別に耐える」ことを求め、差別に対する泣き寝入りを強いる点にも留意しなければならない。「差別に対する抗議」や「解放への願い」を広く社会に訴えることは、部落問題を広く市民に知らせることになってしまうからである。「寝た子を起こすな論」は部落の人びとの正当な抗議すら押しつぶし、部落解放運動を否定する口実にもつながっている。

ところでこの考え方が、部落の人びとのなかにも根強くあることもふれておきたい。「もう取り上げないでくれ。そっとしておいてくれ」という思いや声が、部落のなかにも存在することは事実である。これが当該地域における部落解放運動の展開を拒み、同和対策事業の対象地域になるための地区指定さえ受け入れない状況を創り上げてきた。いわゆる「未指定地区」問題である。しかしそれはけっして「寝ている」のではない。厳しい差別の現実があることを知っているがゆえの、じっと身をひそめようとしている姿である。解決への確かな展望をなかなか持てないなかで、差別への不安が形を変えて表現されているに過ぎない。「部落の当事者もそっとしておいてくれと言っているではないか」という主張は、こうした差別の屈折した表れ方を理解しようとせず、むしろ取り組みをサボタージュする口実に使われているとすれば、その罪は大きい。

なぜこれほどまでに根強いのか

それにしても、なぜこれほどまでに「寝た子を起こすな論」はしぶといのだろうか。科学的調査によってもその誤りが立証され、歴史的事実においても否定されているにもかかわらずである。

筆者はそこに市民にとって心地よい「善意」なるものの存在が介在しているからではないかと考えている。『広辞苑』によると「善意」とは、①善良な心、②他人のためを思う心、とある。確かに「寝た子を起こすな論」は間違っている。しかしその主張は、部落問題を解決するためだという「善意」(正義)のうえに組み立てられている。だからこそこの主張には後ろめたさは少なく、自信にあふれ堂々としているところが見受けられる。この主張に逆らうがごとき学校での部落問題学習や市民啓発に、むしろ積極的に異議を唱えることさえ生じるのはそのためであろう。

こうした「善意」なるものに支えられた「正しくない主張」は他の差別問題においても登場する。たとえば、在日韓国・朝鮮人問題における「帰化のすすめ」である。今日の在日韓国・朝鮮人は三世・四世におよんでいる。日本に生まれ、日本語しか話せず、日本の文化風習にも慣れ親しんでいる。それならば、在日韓国・朝鮮人差別を避けるためにも日本国籍を取得して日本人になればよい。そうすれば参政権だって得られるのだから、といった具合である。差別の原因は、日本社会の歴史や現実のなかに存在している。それを問わずに、本人の自由であるべき国籍変更という手続きに差別解消の道筋を求めるのは問題のすり替えである。しかしそこに市民の「善意」が介在している場合があることは事実であろう。

ハンセン病患者を療養所という名の終生絶対隔離施設に追いやるために展開された「無らい県運動」にあっても、同様の構図が存在するのではないかと推測される。日常生活現場からハンセン病患者をあぶり出すという「無らい県運動」の最前線を担ったのは、ごく普通の市民であった。そこにはハンセン病に関する無知や偏見が蔓延《まんえん》していた（意図的に流布されていた）ことは確かである。しかし同時に、「あの人たちは療養所に入ったほうが幸せなのだ。それが本人や家族のためなのだ」という「思いやりという善意」がそれを支えたという側面もあったのではないかと思う。そうでなければ、「無らい県運動」はあれほど広く市民を動員する社会現象にはならなかったのではないだろうか。後ろめたさや罪悪感を中和する「善意」の存在を感じずにはおれない。

そしてまた、この「善意」なるものは、被差別当事者との関係においてはけっして対等平等なものではないことにも留意しなければならない。自覚されているか否かを問わず、そこには上から目線というか、恩恵的・慈恵的視線が貫かれている場合が多い。いわゆるパターナリズムとの連関をそこに見ることができる。それゆえこうした「善意」は、それを注がれる被差別当事者が権利に目覚めて対等な関係を求め、時には社会の現実に異議申し立てを行うような事態になると、たちまちその牙《きば》をむき出すことがある。「〇〇のくせに生意気な」「せっかく親身になって考えてやっているのに」といった具合にである。被差別当事者は弱々しいときにこそ思いやりが注がれるが、それがひとたび力を持ち始めると、「そんなことだからいつまでも差別されるのだ」と「善意」の衣が剥《は》がれ落ちていく。

「寝た子を起こすな論」は、差別を支えているこうした複雑な意識構造と深くかかわっており、他の差別問題とのかかわりも含めながら、その解明作業をさらに深めていかなければならないと受けとめている。

「寝た子を起こすな論」克服の教育現場での実践的課題

●すべての子どもたち、教職員への部落問題学習の展開

さて、「寝た子を起こすな論」の理論的な解明とは別に、それを実践的に克服することを求めた部落差別解消推進法の第五条を具体化するに際しての課題認識を示しておきたい。ここでは学校教育に焦点を絞って取り上げる。

第一は、部落問題学習がそれぞれの学校園でどのように実践されているのか、あるいはされていないのかの実態を把握することである。どの学校で、どの学年で、どんな教材を用いて、どのくらいの時間を費やしているのかという、まずは現状把握が必要である。

第二は、こうした実態を踏まえて、全市町村、全学校園で部落問題学習を実施するための計画を立てなければならない。部落問題学習推進計画といったものである。

第三は、こうした取り組みは、すべての学校園で実施することの意義を再確認することである。これまでの同和対策事業の時代は、部落に対する取り組みが部落問題解決の取り組みであるとのイメージを作り上げてきた。こうした発想により、部落問題学習も部落を校区に含む学校での実践が中心となった。もちろんそこでの

実践の重要性に変わりはないが、社会を変革して部落差別を解消するためには部落の外での部落問題学習が主戦場になってくる。差別のとらえ方の転換を求めた部落差別解消推進法は新しい挑戦を求めている。そのことの共通認識を形成しよう。

第四は、教員に関する研修の推進である。初任者研修、一〇年目研修、担当者研修、管理職研修などに部落問題をきちんと位置づけることは必須条件である。また大学の教員養成課程に部落問題を学ぶカリキュラムを設けることも重要である。「寝た子を起こすな論」を乗り越える最前線を担うのは学校現場であり、教員への期待は大きい。

●教材と指導案の作成

第五は、部落問題学習のための教材や指導案の作成である。無理解があるからこそこうした学習展開が必要なのであるが、保護者からの反発や教科学習の時間が部落問題学習（人権学習）に割かれることへの抵抗感が生まれることがある。また、若い教員が大量に現場に進出している一方、これまで同和教育を担ってきたベテラン教員が退職し、教員自身に部落問題学習を展開する自信が十分整っていない現実も見受けられる。こうした状況を無視して、「法律に書いてあるから実践せよ」という上意下達式の押し付けでは実のある取り組みは広がらない。

こうしたさまざまな困難を乗り越えるためにも、市町村単位において学年ごとの教材やそれに関する指導案を教員も参加して統一して作成することである。しかもその学習展開を市町村内で同時期に実施することが効果的である。それによって「どうすればよいのか」という個々の教員の戸惑いは解消し、「なぜうちの学校だけが」という疑問への対応も可能となる。そしてその実践結果を持ち寄り、教材や指導案を定期的に見直していく仕組みが作られれば、懸念や不安はさらにより軽減されよう。

大分県教育委員会では部落差別解消推進法の第五条を踏まえて、「『部落差別解消法』より学ぶ」との教職員研修資料や「個別人権課題（小―中―高）学習系統表〈同和問題編〉」を作成し、それぞれの「教材文」およびそれを用いた「授業展開」をネット上で公開している（「部落問題学習推進のための指導資料　大分県」で検索）。部落差別解消推進法第五条の実効性は、現場の取り組みにかかっている。

第3章

部落差別解消の政策立案をめざして

部落差別解消推進法は「部落差別のない社会を実現することを目的とする」と明言し、「区別」を「差別」に転化している社会のあり方を変えることによって差別解消は実現することを示した。取り組めば差別は解消される。その社会のあり方に最も影響力を行使しうる行政は、それを実現する最先頭に立たなければならない。そのためにこそ行政には徴税権などのさまざまな権力が付与されているのであり、部落差別解消推進法が第三条で国及び地方公共団体の責務を取り上げているのである。では、その責務を果たすためには何をすればよいのか。政策創造のための課題や視点を考えたい。

1　問われる地方自治の真価（第三条）

国及び地方公共団体の責務

部落差別解消推進法はその目的を達成するための行政の責務を規定している。それが第三条である。もう一度読み直してみよう。

【部落差別解消推進法】

（国及び地方公共団体の責務）

第三条　国は、前条の基本理念にのっとり、部落差別の解消に関する施策を講ずるとともに、地方公共団体が講ずる部落差別の解消に関する施策を推進するために必要な情報の提供、指導及び助言を行う責務を有する。

2　地方公共団体は、前条の基本理念にのっとり、部落差別の解消に関し、国との適切な役割分担を踏まえて、国及び他の地方公共団体との連携を図りつつ、その地域の実情に応じた施策を講ずるよう努めるものとする。

（傍線筆者）

「同対審」答申（一九六五年）は、その前文で同和問題の「早急な解決こそ国の責務であり、同時に国民的課題である」と記し、「第三部　同和対策の具体案」の項で「部落差別が現存するかぎりこの行政は積極的に推進されなければならない」とした。

「地対財特法」期限切れ後の同和行政にかかわる指針となった「地対協」意見具申（一九九六年）では「昭和四〇年の同対審答申は、あらゆる意味で今日までの対策の基礎になってきた。同和問題の解決は国の責務であると同時に国民的課題であるとの基本認識を明確にし、国や地方公共団体の積極的な対応を促したことなど、同和問題の解決を図る上でこの答申が果たした歴史的意義は極めて大きい。（中略）この答申の趣旨を今後とも受け継いでいかなければならない」と、答申の認識をあらためて評価し確認した。その延長線上に部落差別解消推進法の第三条は位置している。

（なお、第三条第2項の地方公共団体についての表現が「責務」ではなく「努める」となっていることを取り上げ、単なる「努力義務」に過ぎないと軽く受け止める意見がある。これに対して内田博文（九州大学名誉教授）さんは、『ガイドブック　部落差別解消推進法』（二〇一七年、解放出版社）のなかで、それは二〇〇〇年に施行された「地方分権一括法」によって国が制定する法律で地方公共団体を義務づけることができなくなったために過ぎず、条文見出しの〈国及び地方公共団体の責務〉として理解することが妥当であると指摘している。）

構えと仕組みを整える

国及び地方公共団体は部落問題解決の責務を有し、「部落差別のない社会を実現する」という歴史的課題に挑戦するための施策を講ぜよと部落差別解消推進法は求めた。これは従来の「同和地区の生活実態の改善策実施」とは比べものにならない壮大なチャレンジである。このチャレンジに本気で取り組むためには、やはりそれなりの決意や構え、そして新たな政策を打ち出すための仕組みが必要となろう。ここでは地方公共団体に焦点を当てて、その主な課題を列挙しておきたい。

①トップの基本姿勢、決意の表明

国においては、第一九三回国会衆議院本会議（二〇一七年一月二三日）の代表質問において、自民党の二階幹事長が「先の国会で成立した部落差別解消法は長年の悲願」「部落差別解消推進にかける総理の意気込みをお伺いします」と質問したことに対して安倍首相は、「部落差別のない社会を実現することは重要な課題であります」「先の国会で成立した部落差別の解消の推進に関する法律の趣旨を踏まえて、今後とも、差別の解消に向けてしっかりと対処してまいりたいと考えています」と答えている。

都道府県知事、市町村長、教育長、議会議長など地方行政のトップにおいても、安倍首相答弁を上回る部落差別解消への決意、推進法具体化への基本姿勢を内外に表明することが求められる。また議会における決議も有効である。

②行政体制の整備

部落差別解消推進法を具体化し、部落問題の解決をめざす担当部局の整備、窓口の明確化が求められる。同時に、取り組みは庁内横断的なものにならざるをえず、そのための連絡調整機関の設置が必要となる。それは教育委員会においても同様である。

③基本方針・基本計画の策定

部落差別解消推進法を踏まえて、「部落差別解消推進基本方針」および「部落差別解消推進基本計画」の策定が求められる。またそれに沿った「部落差別解消推進年次計画」の策定が必要となる。取り組みは具体的でなければならない。また適宜総括をすることも大事である。基本方針や基本計画の策定は、決意を決意に終わらせない担保となる。同時に、こうした基本方針や基本計画を行政の総合計画に位置づけるなど、上位計画として取り扱うことも忘れてはならない。

④審議会の設置

基本方針や基本計画の策定、具体的な政策立案や実態調査の実施などにあたって、専門家や市民から広く意見を求めて充実した内容の取り組みを創造するために、審議会を設置することは重要である。たとえば、部落差別解消推進審議会である。その際、当事者参加の保障は不可欠である。「Nothing About Us Without Us」(私たち抜きに私たちのことを決めるな)は、障害者権利条約の策定過程で障害者自身によって掲げられたスローガンであるが、これは人権の課題を考えるにあたっての共通した原則である。国の障害者差別解消法策定のための委員会においても、委員の過半数を障害者が占めたのはその実例である。部落差別解消推進審議会にあたっても当事者参加の原則が貫かれねばならない。

⑤条例の制定

「その地域の実情に応じた施策」が求められている。そのためには、部落差別解消推進法の趣旨を踏まえた「上乗せ・横出し」の内容を付加した条例の制定は、取り組み推進の担保となろう。「行政体制の整備」「基本方針・基本計画の策定」「審議会の設置」「実態調査の実施」「差別の規制や救済」「市民の協力」なども条例に位置づけられることにより一層明確になる。今回の法律は期限が設定されていない恒久法であることを踏まえるとき、これに連動した条例の存在は取り組みの安定に寄与するものとなる。

なお、相談体制の充実や実態調査の実施については、後の第4章で取り上げる。

厳しい現状を示した自治体アンケート結果

法律は部落差別解消に向けた行政の覚醒をうながしている。しかし全国の自治体の現状は、この壮大なチャ

図7　同和問題を所管する部局の有無

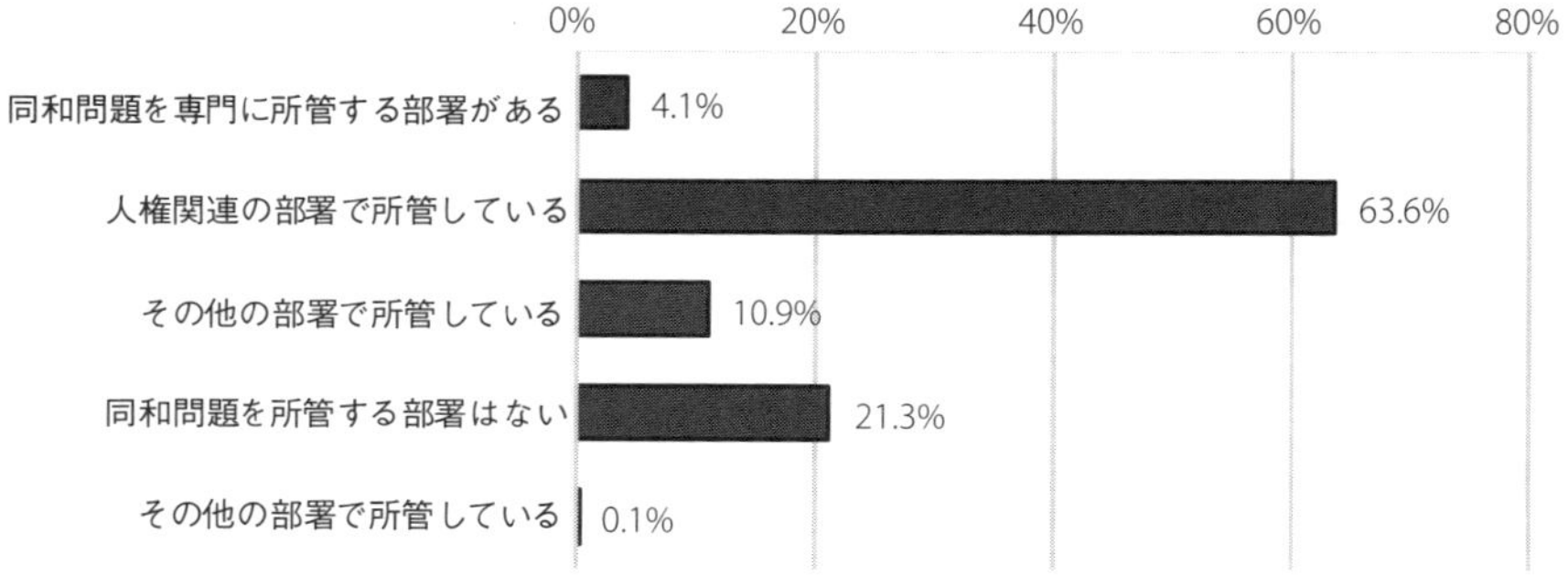

図8　同和教育を所管する部局の有無

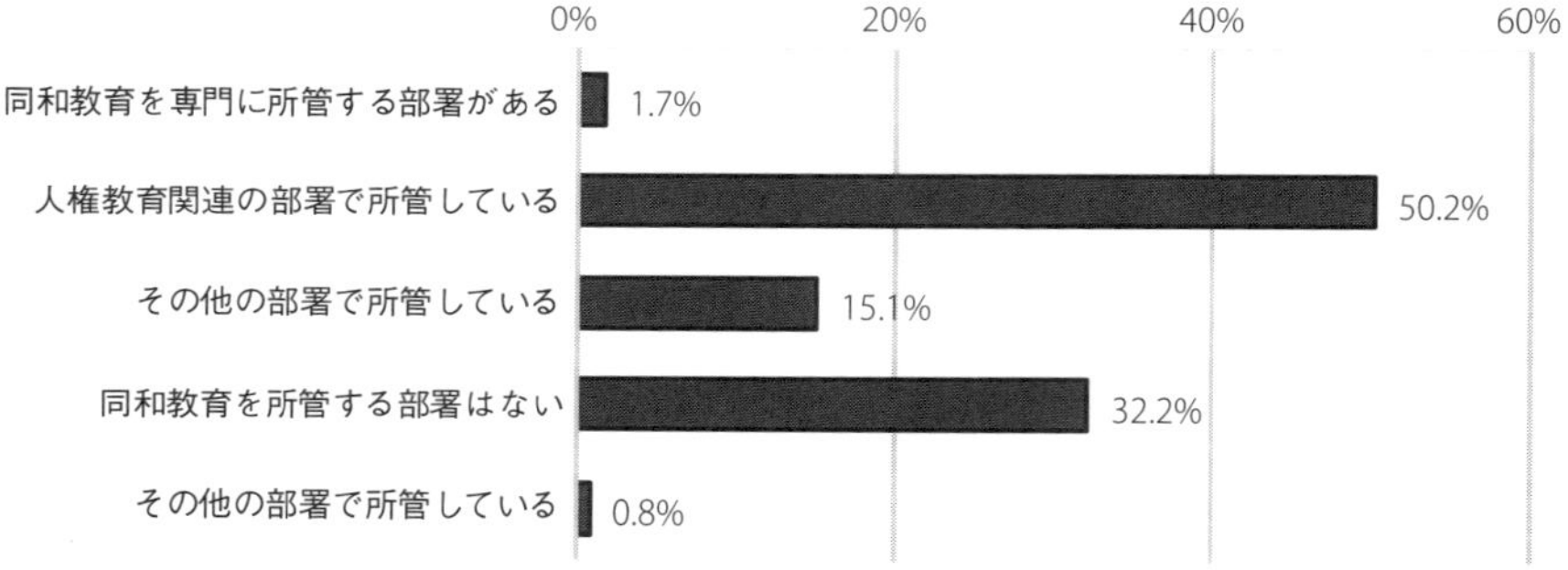

レンジに立ち向かうにはあまりにも立ち後れていると言わざるをえない。

（一社）部落解放・人権研究所は部落差別解消推進法の施行を踏まえて、全国の地方公共団体（一七八八団体）を対象として、二〇一七年七月から二〇一八年三月にかけて「自治体における同和行政に関するアンケート調査」を実施した。その結果、一四〇一団体から回答があり、回収率は七八・四％であった。その主な結果は次の通りである（調査結果の詳細は、谷川雅彦「自治体における同和行政に関するアンケート調査の結果から」『ヒューマンライツ』No.三六七号、二〇一八年一〇月号を参照）。

図7は、「貴自治体において、首長部局で同和問題を所管する部署は

図9　2002年度以降における部落差別や同和問題に関する実態調査、意識調査の実態

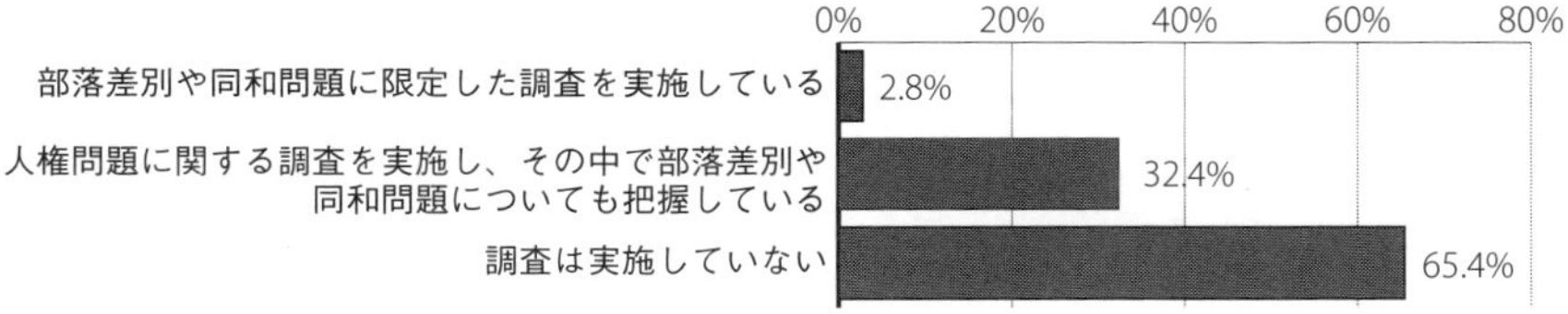

注　「部落差別や同和問題に限定した調査を実施している」と「人権問題に関する調査を実施し、その中で部落差別や同和問題についても把握している」の両方を選択した自治体が0.6%あった。両方にこれを含めているため合計が100.6%となっている。

図10　部落差別や同和問題をテーマにした職員研修の実施

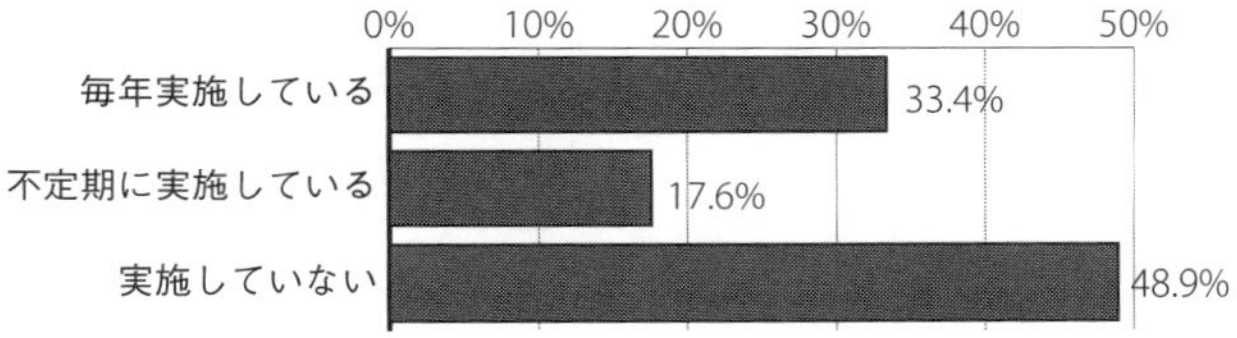

ありますか」との問いに対する回答結果である。「同和問題を所管する部署はない」、すなわち窓口さえ設置していない自治体が二一・三%に上っている。

図8は、「貴自治体において、同和教育を所管する部署はありますか」との問いに対する回答結果である。「同和教育を所管する部署はない」自治体が三二・二%とほぼ三分の一を占めている。

図9は、「二〇〇二年度以降に部落差別や同和問題に関する実態調査・意識調査等を実施していますか」との問いに対する回答結果である。「二〇〇二年度以降」とは「地対財特法」の期限切れ後の法的空白の時期を指している。部落差別解消推進法が制定されるまでのこの一四年あまりの間に「調査は実施していない」自治体が六五・四%も存在している。

図10は、「部落差別や同和問題をテーマにした職員研修を実施していますか」との問いに対する回答結果である。「実施していない」が四八・九%に上っていることには驚かされる。

アンケート調査は二七問から構成されているが、

ここで取り上げた四つの項目は行政における取り組みの基本中の基本の内容である。それがこの結果であることに愕然《がくぜん》たる思いをする。そもそも取り組みがこの程度のものであったのか、それとも法の空白期間中にここまで取り組みが後退したのか、その真偽は定かではないが、いずれにせよ法律を制定してまで取り組みの喚起をうながさなければならなかった理由に、こうした地方行政の実態があったことも確かだと感じる。これが部落差別解消推進法の第三条の出発点である。

部落差別の存在しない自治体はない

部落差別解消推進法の第三条の理解において、もう一つ、忘れてはならない大切な留意点がある。それは、この法律は社会変革をめざしているがゆえにすべての国民市民を対象にしており、当然第三条にいう地方公共団体も全国すべての地方公共団体であるということである。

これまでの部落問題に対する取り組みは、「部落の改善」が目的とされてきた。法律も、同和地区の生活実態の改善をめざした同和対策事業にかかわるものとなり、こうした事業に対する財政上の特別措置が法律の骨格をなしてきた。その結果、多くの自治体は「同和問題への取り組みは、部落の存在する地域での行政課題である」と受け止める傾向にあった。「わが町には同和地区はありませんので、同和行政と言われましてもすべきことがありませんので……」といった具合である。

こうした前の時代の発想やクセは、それが三〇年以上の長きにわたって続いてきたこともあり、なかなか抜けにくい。今回の法律も、部落問題にかかわる法律であるというだけの理由において、「わが行政に関する法律ではない」とスルーしてしまっている都道府県・市町村も多いのではないだろうか。それは部落差別解消推進法の趣旨から言っても、そしてそもそもの部落問題の理解からしても間違っている。

確かに歴史的経緯から部落が存在する都道府県や市町村と、存在しない自治体とがあることは事実である。しかし、その事実とそこに部落出身者がいるかどうかとは別問題である。先にも取り上げた通り、部落出身者は全員部落に住んでいるわけではない。いや、むしろその大半は進学や就職、結婚や転勤などさまざまな理由において故郷を出て居住していると考えるのが合理的であろう。つまり部落出身者は全国各地に存在しているのである。部落の有無と部落出身者の有無とは相対的に独自である。

さらに、部落の有無は部落差別の有無とも一体ではない。部落がないからと言って、結婚差別などの部落差別事件が発生しないわけではない。部落に対するマイナスイメージや差別意識が当該自治体の住民のなかに存在しないわけではない。ましてや今日、インターネット上での差別がエスカレートしているとき、こうした情報網から自由な住民などいるはずはない。

つまり部落問題は、部落の存在のいかんにかかわらずすべての地方公共団体にかかわっている問題であり、その解決への責務もまたすべての地方公共団体に課せられている。部落差別の現実を見つめるとき、部落差別解消推進法の第三条がいう地方公共団体に該当しない自治体は存在しないのである。

同和対策事業的発想で部落問題を考える時代は終わった。部落の存在しない自治体での本格的な取り組みの開始を期待したい。

地方自治の醍醐味

部落差別解消推進法の第三条は、地方自治の醍醐味《だいごみ》を味わうものであることも確認したい。同和対策事業の時代における地方公共団体の責務は、法や政令の定めるところによる特別対策事業をその要綱通りに粛々と実行することであった。一九六九年に制定された同和対策事業特別措置法がその第四条（国及び地方公共団体の責務）において定めたのは、「国及び地方公共団体は、同和対策事業を迅速かつ計画的に推進するように努めなければならない」ということであった。最後の「地対財特法」でも第二条の2項で、「国及び地方公共団体は、協力して、地域改善対策特定事業を円滑かつ迅速に実施するように努めなければならない」とされているだけである。一部の自治体では独自の同和対策事業を実施したところもあったが、ほとんどは国の定めた事業を国の定めた方法によって実施しただけであった。それで地方公共団体の責務はまっとうされたことになっていた。

ところが今回の法律は、「部落差別のない社会を実現することを目的とする」と打ち出し、「部落差別の解消に関する施策を講ずる」と定めただけで、何をどのようにしなさいとは規定していない。これはある意味すごいことである。これまでは「三割自治」とか「国のひもつき行政」、「下請け行政」などと揶揄《やゆ》され、地方公共団体は自らの自治権がないがしろにされていることへの不満を語っていた。これに対して今回は、部落差別の解消に関する政策立案権にフリーハンドを与えたのである。そしてわざわざ「その地域の実情に応じた施策」と但し書きまでつけられている。まさに地方自治の醍醐味である。

もはや都道府県は国の指示を待っていても、そんなものは降りてこない。市町村は都道府県の対応を見てから方針を決定するという呑気《のんき》なことを言ってはおれない。部落差別解消推進法は同和対策事業時代の上意下達式の受け身の発想からの決別を求めた。課題と政策立案権は現場にある。地方自治の自治たるゆえんが発揮されるチャンスであり、それが試される時代を迎えた。地方自治の真価が問われている。

困ったことの克服へ

政策のフリーハンドはありがたい。しかし困ったことが二つ出現した。一つは予算である。この法律には、国の財政措置については何も書き込まれていない。政策立案の自由と引き換えに、予算措置が担保されないという事態が生じている。

同和対策事業の時代は、「金を出すから口も出す」というのが国の姿勢であった。ところが今回は、「口を出さない代わりに金も出さない」というのである。何とも汚いではないかと思うのは筆者一人ではなかろう。それが理念法の限界だと評論家的に批判しても仕方がない。地方公共団体は部落解放運動やさまざまな分野で部落解放を願う活動をしている人びとと一体となって、国に断固たる予算要求をしていかなければならない。「国の指示に従う」から「国に提案する・国を動かす」への転換である。

そこで二つ目の困ったことに直面する。それは「では何をするための予算を求めるのか」という「部落差別の解消に関する施策」をまずは自治体が自ら考えなければならなくなったということである。これまでは国の定めた同和対策事業をその要綱通りに実施しておればよかった。しかしこれからは「部落差別のない社会を実現する」ことをめざして、「その地域の実情に応じた施策」を地方公共団体自らが立案し実行していく責務（醍醐味）が降りかかっているのである。この責務（醍醐味）を果たすとき、初めて国策樹立や予算要望の中身が見えてくる。そしてそれは断固たるものとなる。政策提案なき予算要求は実現しない。地方自治体の政策立案が予算問題の前提として横たわっている。

2　政策立案・遂行のための発想の転換（第三条）

部落・行政・市民の三者協働の時代

さて、その政策立案の課題である。何をすることが「部落差別の解消に関する施策」となるのか。残念ながらこの法律にはそれが教示されていない。結局議論はここから始まる。かつての同和行政の発想に縛られない自由で大胆な政策立案・遂行にトライしよう。そのための発想の転換を提起したい。

第一は、部落・行政・市民の三者協働という取り組みのスタイルを構想することである。部落問題解決の責務は行政にある。それは「部落を変える」という部落対策的時代にあっては、行政による同和対策事業の執行というわかりやすい形で実行された。部落（部落解放運動）の側からすれば、行政に要求し、施策の実施を迫るという「やらせる」「やってもらう」形での取り組みの遂行である。直接かかわるのは同和地区住民と行政関係者であり、市民に求められたのはせいぜいこの事業の必要性を正しく理解することであった。

ところが、部落差別解消推進法はこれまでの法律と異なり、社会変革を訴えた法律である。「社会を変える」時代への発展は、こうした部落vs行政という二項対立の取り組みの構図ではとてもおぼつかない。行政だけの力にも限りがある。社会変革の当事者は市民自身であり、法律を知り、自らの役割を自覚し、実践の一翼をそれぞれの社会的立場や場面において市民自身に担ってもらわなければならない。

「部落差別の現実を世に問い課題を提起し自らも実践する」部落と、その「責務を受け止め政策を立案し実行する」行政と、「部落差別のない社会を実現するための取り組みに当事者として参画する」市民、という三者協働のトライアングル構造とも言うべき取り組みスタイルの追求である。それをリードすることが行政の責務として求められる。

法律の周知徹底

たとえばこの法律の周知徹底である。法律の周知徹底は行政の責務である。しかしこの法律の対象が広く市民であることや市民の役割が重要であることを踏まえれば、広報誌などによる従来型の行政による周知活動だけでは決定的に不十分であることは容易に想像できる。また、行政内にあって人権部局だけの対応ではたかがしれている。行政の総力を挙げるとともに、部落や市民との協働による周知徹底活動が工夫されなければならない。周知されなければ宝の持ち腐れである。

具体的には、行政の各部局はさまざまな市民団体、関係団体と深いかかわりを有している。そのかかわりを通じて、それぞれの団体において部落差別解消推進法の周知徹底の取り組みへの協力を依頼し展開することである。教育委員会はＰＴＡに要請し、それぞれのＰＴＡでの取り組みにおいてこの法律の周知と理解を図る取り組みを行う。もちろん、ＰＴＡ用の解説パンフレットのような媒体があればなおよい。商工関係部局は地元の商工会議所や商店街組織に協力を求め、会員への周知を図る。民生部局は民生・児童委員会や保護司会などにアプローチし、農林水産部局は農協や漁協、森林組合へ働きかけをしてそれぞれの取り組みのなかでこの法律の周知を図ってもらう。宅建業団体や地元メディア、労働組合、さらには宗教各教団に檀家《だんか》、氏子など構成員への周知徹底をお願いする。行政は取り組みのウイングを広げ、まさに全庁挙げた網の目の市民協働を展開することである。

もちろん、行政内の周知徹底も問われる。部落差別解消推進法は社会変革を担うすべての市民にわかってもらわなければならない法律である。そのためには、すべての行政職員への周知徹底はその第一歩と言えよう。人権部局の職員や特定の役職者だけではなく、教職員も含めた全職員の研修は必須である。その際、正規職員だけではなく非正規職員も含めた文字通り全職員研修が求められる。滋賀県栗東《りっとう》市市議会は全議員を対象に部落差別解消推進法をテーマに議会人権研修会を開催した。福岡県古賀市では二〇一八年九月に「古賀市 職員同和問題研修テキスト」(全九五ページ)を作成し、人権センター職員が講師となって全職員を網羅すべく六回にわたって研修が実施された。

部落解放運動も「周知徹底は行政の責務」などと気楽に構えてはいられない。差別の現実を当事者の立場から発信できるのは部落の側だけであり、部落差別のない社会の実現の重要な一端を担う当事者運動自身が、この法律の周知徹底に汗をかくことが求められる。たとえば部落解放同盟大阪府連合会西郡《にしごおり》支部と安中《やすなか》支部では、法制定三カ月後の二〇一七年三月二一日に「部落差別解消推進法ひろめ隊―部落差別NO! アクションNOW 結団式」を行った。「多くの市民は、部落差別解消法を知っている状況に至っていない。差別撤廃を願う八尾市民と共に周知(差別は今もある、法律の重要性)運動を当事者としてリードしていく必要がある」として、手作りのリーフレットを作り議会関係者や市民団体などへの「網の目行動隊」による「周知徹底五〇日行動」を展開した。「その心意気やよし」である。全国各地においても同様の取り組みが起こされてきたことであろう。

さらに、長野県では、「同和問題に取り組む長野県宗教教団連絡会議」が、構成する浄土宗、真宗大谷派、浄土真宗本願寺派、真言宗智山派長野北部、真言宗智山派長野南部、真言宗豊山派、曹洞宗長野第一、曹洞宗長野第二、天台宗、臨済宗妙心寺派、高野山真言宗、日本基督教団、日本聖公会中部教区、天理教、立正佼成会のすべての教団名を記した大型ポスターを作成している。

（公財）鳥取市人権情報センターでは、部落差別解消推進法の鳥取弁バージョンを作成している。たとえば、「第一条　もう部落差別ちゃなん、ありゃせんって声を聞くけど、本当は、まだあるだけぇ。それも、スマホだ、インターネットだって、顔を見せずにする差別が増えとるだって……」といった具合だ（「部落差別解消推進法鳥取弁」で検索）。

大分市ではわかりやすいリーフレットを市が作成し、市民の協力を得て市内全戸に配布され、また横断幕が作られて掲出された。

今までには考えられない興味津々の取り組みが「法の周知徹底」という課題で開始され始めている。部落差別解消推進法は、部落・行政・市民の三者協働のフル回転を必要としている。

3　差別のとらえ方の発展（第三条）

政策立案の前提となる差別のとらえ方

「部落差別の解消に関する施策」を立案実行するための第二の課題、それは差別のとらえ方の発展である。差別を解消するための政策であるのだから、なぜ差別があるのか、どうすれば差別をなくすことができるのかという差別のとらえ方が、政策立案の出発点となるのは当然のことである。

三三年間続いた同和対策事業は、部落の生活実態があまりにも劣悪であることが差別意識の助長を生み、差別の再生産を許しているという差別のとらえ方がその前提としてあった。だから同和地区の生活改善策が講じられたのであり、そのための国からの財政措置を講ずる法律が制定されたのである。

同和対策事業終了後の部落差別撤廃の方策については、一九九六年に出された地域改善対策協議会の意見具申がその方向を指し示している。そこでは「同和問題を人権問題という本質から捉える」ことを提起し、同和地区に対する特別対策事業方式ではなく、差別解消に必要な施策を一般対策で講じよとした。こうして特別対策事業という政策は幕を閉じた。それが二〇〇二年三月の「地対財特法」の終了である。

しかし「同和問題を人権問題という本質から捉え」「一般対策で対応せよ」ということが具体的にはどのような発想で政策立案に取り組むことになるのか、その前提となる「新たな差別のとらえ方」がなかなか定まらない状況が続いた。その結果、「地対財特法」の期限は切れたが、新たな取り組みの構想が打ち立てられないままに法的空白の期間が経過した。

そして今般、部落差別解消推進法は法律によって「部落差別解消に関する施策」を講じよと迫っているのである。事態はもう待ったなしである。「新しい酒は新しい革袋に盛れ」ではないが、「地対協」意見具申を踏まえ、社会変革による差別解消という新しい発想を政策化するには、新しい差別のとらえ方が必要となる。筆者はそれを「関係論」という差別のとらえ方として提起したい。

「存在論」という差別のとらえ方

●「存在論」とは

「関係論」という差別のとらえ方に入る前に、古くからある「存在論」という差別のとらえ方にふれておく。それが今日なお一定の影響力を発揮しているからである。

「存在論」という差別のとらえ方を一言で言えば、「差別の原因は差別される者の存在にある」ということになる。女性がいるから女性差別がある、障害者がいるから障害者差別がある、といった具合である。したがってそこから導かれる差別解消の方法は、女性や障害者がいなくなればこうした差別は解消されるというものになる。あまりに稚拙で批判に値しないかもしれないが、このとらえ方がいまだに市民に浸透しているから驚かされる。

たとえば在日韓国・朝鮮人差別の問題である。なぜそんな差別があるのか、それは日本に韓国・朝鮮人が存在しているからであるとなる。だとすればその解決は、韓国・朝鮮人がいなくなればよいとなり、彼らが朝鮮半島に帰ればよいということになる。そうすれば、国籍や民族で差別を受けることはなくなるではないかという主張である。今一つは、韓国・朝鮮人に帰化をうながす意見である。「あなた方が日本国籍を取得して日本人になれば、差別なんて受けなくなるじゃないですか」という考え方である。前者は「日本から出ていけ！」という排外主義、後者は「日本人に溶け込め！」という同化主義である。「出ていけ」と「溶け込め」、両者のベクトルは正反対の方向を示しているが、そこに共通するのは「日本に韓国・朝鮮人という異質な存在がいることがこの差別の原因である」とする「存在論」的認識である。しかしそれでは、韓国・朝鮮人が世界のなかで日本においてだけ差別の対象とされていることの説明がつかない。差別の原因はむしろ日本社会のあり方にこそ存在しているからである。

●「部落分散論」

部落問題においてはこの考え方は「部落分散論」や「寝た子を起こすな論」となって表れている。「部落分散論」とは、「部落に部落の人が固まって住んでいるから差別されるのであり、部落の人はあちこちに引っ越して分散すればよい」という主張である。そして「その跡地を市民運動広場や駐車場、商業施設などとして活用し、人の住まないエリアにすればよい。そうすれば部落住民という人はいなくなり、部落差別はなくなる」というものである。部落の人びとの存在に差別の原因を求める典型的な「存在論」である。

「なるほど」とついこの考え方にうなずく人がいるかもしれない。事実、市民意識調査などではこの考え方を支持する人が結構多い。しかしこれはずいぶんひどい話である。強制移住である。移住を求めるのなら、差別する側が国外にでも行けばよいのではないかと思う。福島原発事故で故郷を追われた多くの市民がどんなにつらくて悔しい思いで暮らしているのか、そのことに思いをはせるとき、「ふるさとを去れ」という「部落分散論」の罪深さを痛感する。ごく普通の市民がさほど抵抗もなくよかれと思ってこうした誤った差別のとらえ方に絡め取られていく。「存在論」の怖さはこの点にある。

部落問題に表れたもう一つの「存在論」、それが「寝た子を起こすな論」である。「そっとしておけば自然と部落問題は解決していく」というこの考え方は、存在論は存在論でも、部落問題に関する「知識や認識の存在」という非物理的な情報の存在を、差別の原因と見なすものである。そこからは、教えない、啓発しない、広めないという取り組みの否定が導かれる。これについては第2章3で取り上げている。

「状態論」という差別のとらえ方

●「状態論」とは

「存在論」的認識を否定して登場したのが「状態論」という差別のとらえ方であった。一九六五年に出された「同対審」答申はこれに立脚している。

答申は「第一部　同和問題の認識」において、「最近この集団的居住地域から離脱して一般地区に混在するものも多くなってきているが、それらの人々もまたその伝統的集落の出身なるがゆえに陰に陽に身分的差別のあつかいをうけている」との事実を記して「部落分散論」が問題の真の解決とはならないことを指摘した。また、「『寝た子をおこすな』式の考えで、同和問題はこのまま放置しておけば社会進化にともないいつとはなく解消すると主張することにも同意できない」と明言し、「存在論」に立脚した部落差別のとらえ方を一蹴した。

そのうえで答申は、「心理的差別と実態的差別とは相互に因果関係を保ち相互に作用しあっている」「そして、この相互関係が差別を再生産する悪循環をくりかえすわけである」と述べ、「部落の低位な生活実態（実態的差別）」と「部落問題に関する市民の無知や偏見（心理的差別）」という部落や市民意識の「ある特定の状態（状況）」に差別の原因を求めた。これを「状態論」と呼ぶ。

「状態論」は「部落分散論」に対してもこう論破する。部落に部落の人が固まって住んでいることは差別の原因でも何でもない。人がどこに住もうがそんなことは自由だ。問題は、固まって住んでいる部落の人びとの住環境や生活の実態があまりに劣悪であることが偏見を再生産していることだ。そうした状態が克服されれば差別は解消に向かう。「分散」ではなく「改善」である。そしてその改善策として登場したのが同和対策事業であった。

「状態論」はまた「寝た子を起こすな論」に対してもこう批判する。そもそも社会に部落差別が存在している以上、それを市民がみんな知らなくなるというようなことはありえない。問題は部落問題を知っているか否かという「知識や認識の存在の有無」ではなく、それをどのように知っているのか、どう理解しているのかという「知識や認識の中身（状態）」こそが問われなければならない。現状は、あまりにも無知と偏見による差別的な理解が横行している。こうした状態（状況）が差別の原因であり、「教えない」「知らさない」という放置ではなく、むしろ逆に正しくきちんと教えること、間違った理解を正すことこそが必要である。こうして部落問題学習の必要性や人権啓発活動の重要性を導いた。

●「状態論」の限界

「状態論」にのっとった政策の推進によって部落差別の現実は大きく改善された。しかし部落の生活実態の改善ほどには心理的差別の実態は改善されてはこなかった。その部落の生活実態に対する改善策も、社会が抱えるさまざまな矛盾や困難の部落への集中を押しとどめることにはならず、不安定化のぶり返しが部落を襲っている。結婚差別や土地差別など忌避意識は依然として根強く、インターネットの時代に便乗した新たな差別の手口も登場し始めた。「改善」は進んだが「解決」にまではいたらない。「状態論」に立脚した取り組みは、前進のなかに自らの限界を示すこととなった。こうして特別対策事業の展開という政策は幕を閉じた。

そして迎えた部落差別解消推進法の時代を支える差別のとらえ方として提案するのが「関係論」である。

「関係論」という差別のとらえ方

●課題の共通性への着目

「関係論」という差別のとらえ方の要諦は、実態的差別としてとらえられてきた部落の実態を「部落特有の現象」として受け止めるのではなく、そこに示されたさまざまな課題は「部落内外に共通なもの」という発想で受け止める点にある。同和対策事業の論拠となった部落内外の「状態の違い」を見つめるとき、そのなかに貫かれている部落内外の「課題の共通性」にも着目しようということである。

部落内外の課題は共通している。考えてみればそれは当たり前のことだと言える。人権は普遍的なものであり、同じ時代、同じ社会に生きている同じ人間において、部落だけにしか発生しない課題などあるはずがない。たとえば、部落問題の根本的課題と言われてきた就労の問題である。二〇〇〇年に大阪府は同和地区住民生活実態調査を実施したが、そこでの部落の失業率は　男性九・七％、女性八・二％であった。そのときの大阪府における失業率は男性六・六％、女性五・六％である。明らかに部落のほうが深刻である。おそらく部落の労働者には非正規雇用が多く、また小規模・零細事業所に勤めている人が多かったことが失業率を高めたのであろう。「実態的差別」とはまさにこのことである。

しかし、働きたいのに働く場がないという働く権利が侵害されている「失業」という人権課題は、何も部落だけに生じているわけでない。部落ほど高率ではないが、大阪府民にあっても六％前後の失業者が生み出されている。「失業率の違い（格差）」にだけ関心を寄せるのではなく、「失業」という部落内外共通の課題に着目して見ようということである。そのとき、部落差別の現実はどのようなメッセージを私たちに発するのだろうか。それが「関係論」という差別のとらえ方の入り口である。

●「関係論」の要約

部落内外の課題の共通性への着目から導かれる「関係論」という差別のとらえ方を要約すると次のようになる。

「関係論」の要約①

住宅、仕事、生活、教育、福祉、産業など、部落差別の実態として取り上げられてきた困難は、どれもこれも部落だけにしか発生しない特有のものではない。部落が抱えている諸問題は、部落の外でも広く生じている。逆に、社会で起こっている困難や人権の課題は部落にも当然発生している。つまり、部落差別の実態として取り上げられている課題そのものは、実は、社会に存在する矛盾や人権侵害の「反映」であると言える。

「関係論」の要約②

それでは「部落差別の現実」とはどのように説明されるのか。その答えは、社会に存在するこうした矛盾や人権侵害が、部落の場合には累積的な差別の結果や偏見によって、よりひどく、より慢性的に招き寄せられているという点である。つまり部落差別の現実とは、社会が抱える矛盾や人権侵害の「集中的な表現」であるととらえる視点である。同和対策事業の根拠となった部落内外の「格差」を部落内外の「違い」と読み取るのではなく、社会が抱える共通の矛盾や人権侵害の「集中度を表すモノサシ」として受け止めることを提起するものである。

「反映」と「集中」という視点で部落差別の現実をとらえるとき、導かれるのは次の結論である。

「関係論」の要約③

①と②から導かれる結論、それは、部落差別の現実を見つめると、そこからは社会が抱えている矛盾や人権侵害の課題が見えてくるということである。市民の間にはまばらにしか発生していない諸課題は、部落の場合には集中的に導き寄せられているがゆえに、くっきりと浮かび上がっている。であるとすれば、部落の人びとの困りごとや悩み、願いや要求を「それは部落の問題である」とやり過ごすのではなく、こうした問題は、市民の日常生活のなかにもきっとあるはずだと、「差別の現実に市民の人権の課題を発見する」という視点が求められる。「反映」であるところの、社会の矛盾や課題そのものを解決する「社会変革」を通じてこそ、部落差別の実態も根本的解決へたどりつく道筋が見えてくる。差別の現実から人権確立社会建設への課題が発信されている。部落と市民がスクラムを組んで、人権が確立された社会の建設にともに前進することが求められる。

こうした差別のとらえ方に立脚して差別の現実を分析し、そこからそれを克服する社会変革の課題を見つけ出し、課題解決のための政策を立案し、部落と市民がスクラムを組んでその実現をめざすこと、それが「部落差別のない社会を実現する」営みであり、「同和問題を人権問題という本質からとらえる」ということではないだろうか。部落差別解消推進法の第三条は、差別のとらえ方における大胆な発想の転換とそれに立脚した政策の立案を求めている。

「関係論」から見た実績

「関係論」に立脚した実践や制度の創設、社会改革の取り組みは実はこれまでにも豊かな実績を残している。その典型的な実例が、教科書無償制度の実現である。高知市長浜・原地区の部落の親たちは、厳しい生活のなかで十分に教育を受けることができなかったつらい経験を再び子どもたちにはさせまいと、憲法で保障された義務教育の無償化実現を掲げて立ち上がった。その象徴が教科書の無償配布要求であり、「長浜地区小中学校教科書をタダにする会」が結成された。しかし教科書無償化の願いは部落だけのものではなかった。差別や生活苦にあった全国の多くの人びとがこれに連帯し、「憲法を守れ」というその要求の正当性に共鳴した労働組合や民主団体の支援も加わり、ついに教科書無償化に関する法律の実現へとこぎ着けた。会の結成から二年一〇カ月後のことである。

教科書無償化要求の出発点に部落の厳しい生活実態があったことは事実である。しかし長浜の部落解放運動は、それを部落だけの問題とせず、長浜の現実は教育権が空文句にされている社会の現実の反映であり、そうした社会矛盾の集中的な表れが部落の実態であることを受け止め、「部落だけへの特別対策」をよしとせず市民の教育権保障の制度改革へと昇華させたのであった。

こうした実例は取り上げると枚挙にいとまがない。部落出身者に対する就職差別反対の取り組みから、履歴書の記載事項の改善、面接時の質問内容の改善、そしてついには一九九九年の職業安定法の改正における、同法第五条の四（求職者の個人情報の取り扱い）に基づく労働大臣指針（労働省告示第一四一号）にまでいたったのもその一例である。そこでは「次に掲げる個人情報を収集してはならないこと」として次のように例示されている。「〈イ〉人種、民族、社会的身分、門地、本籍地、出生地その他社会的差別の原因となるおそれのある事項

〈具体的例示：家族の職業、収入、本人の資産、容姿、スリーサイズ等〉、〈ロ〉思想及び信条（具体的例示：人生観、生活信条、支持政党、購読新聞・雑誌、愛読書）、〈ハ〉労働組合への加入状況（具体的例示：労働運動、学生運動、消費者運動その他社会運動に関する情報）」。こうした取り組みによって救われたのは部落出身者だけではない。さまざまな困難を抱える人びとが「私自身を評価してください」と胸を張って今就職戦線に臨んでいる。

部落差別の深刻な表れである結婚差別問題への取り組みもしかりである。結婚差別反対の運動は戸籍法の改正（一九七六年）による戸籍の公開制限を実現し、今日では「本人通知制度（住民票の写しや戸籍謄本などを代理人や第三者に交付した場合に希望する本人に通知する制度）」にまでその取り組みが広がっている。

また「身元調査お断り運動」は、こうした個人情報の収集とその商品化は何も部落だけではないことを提起し、多くの市民が経験している「覚えのない所」からのダイレクトメールや勧誘の電話なども同じ社会的背景を有していることを訴えた。こうして高度情報化社会の急速な発展に対応できていない個人情報保護に関する社会的仕組みの立ち後れを克服すべく、まずは市町村で個人情報保護条例が制定され、ついには国における個人情報保護法の制定（二〇〇五年施行）へといたった。

部落の識字運動や夜間中学校の取り組みなどから提起された「教育を受ける権利の保障」を求めた取り組みは、二〇一六年に「義務教育の段階における普通教育に相当する教育の機会の確保等に関する法律（略称：教育機会確保法）」の成立を実現させた。部落の隣保館で行われてきた「ワンストップの行政分野を横断した総合生活相談活動」は、国のパーソナルサポート事業というモデル事業に発展し、今日ではその発想と取り組み内容が「生活困窮者自立支援制度」に反映され全国で実施されている。

奨学金制度の改革や最低賃金制度の活性化など、部落から提起されやがて人権確立の社会変革にまでいたった実例はまだまだ取り上げていけばきりがないほど多く蓄積されている。あらためてその成果と意義を振り返り、「関係論」という差別のとらえ方がなす人権の視点に立った社会変革の躍動を学び取りたい。

長い間、当事者対策的発想に慣れ親しんできたなかにあっては、「関係論」に立った政策立案という取り組みはすぐにはなじめるものではないかもしれない。しかし一つ一つの差別の現実を丁寧に分析し、「たった一人の悩み事のなかにも社会の矛盾が凝縮して表現されている」という視点に立ち、個人的・一時的な問題の修復ではなくそうした課題の根絶をめざすとき、「関係論」という差別のとらえ方は必ずや力を発揮するであろう。「部落差別のない社会の実現」は部落差別解消推進法の第三条のこうした具体化によってこそ展望が開かれる。その惜しみない努力が求められている。

※なお「存在論」「状態論」「関係論」について関心のある方は、拙著『差別のカラクリ』(二〇〇九年、解放出版社)の第4章~第9章を参照されたい。またここでは「生活実態」の課題に焦点を当てて展開したが、「意識」の課題については拙著『見なされる差別—なぜ、部落を避けるのか』(二〇〇七年、解放出版社)を参照していただければありがたい。

第4章

相談活動と実態調査——豊かな実践を求めて

部落差別解消推進法には具体的な実践課題が三点取り上げられている。第四条の（相談体制の充実）、第五条の（教育及び啓発）、第六条の（部落差別の実態に係る調査）である。いずれも条文は簡潔なものであるが、そこに込められた課題の奥は深い。

「部落差別のない社会を実現する」という第一条の目的に照らしてそれらを実行しようとするとき、しっかりとした部落差別の現状認識や課題の意義を掘り下げることが求められる。そうでなければ「うちはすでにやっています」という安易なスルーがなされたり、形式的でアリバイ的なもので事済まされる危険性が生じる。少し時間がかかってもよいから、部落差別解消のための取り組みとしてきちんと構想し確かな実践を積み上げたい。

なお第五条の（教育及び啓発）については第2章で取り上げている。ここでは第四条の（相談体制の充実）および第六条の（部落差別の実態に係る調査）について言及する。

1　相談活動の強化・充実（第四条）

古くて新しい課題

まずは相談活動の充実である。あらためて部落差別解消推進法の第四条を見てみよう。

【部落差別解消推進法】
（相談体制の充実）
第四条　国は、部落差別に関する相談に的確に応ずるための体制の充実を図るものとする。
　2　地方公共団体は、国との適切な役割分担を踏まえて、その地域の実情に応じ、部落差別に関する相談に的確に応ずるための体制の充実を図るよう努めるものとする。

差別や人権課題は常に具体的である。必ず一人一人の人間の悩みや苦しみ、心配や不安という形で表現される。それが生のままで持ち込まれる現場が相談活動である。相談活動は一切の差別や人権課題の取り組みにおける入り口であり基礎基本である。

部落解放運動においても例外ではない。戦前の全国水平社が作成したパンフレットである『部落委員会活動に就いて』（一九三四年）にあっては、それは次のように強調されている。

「部落委員会活動は、先ず第一に部落を中心とする『世話役活動』から始めなければならない」、「世話役活動は部落委員会活動の基礎的活動であり、最も主要な一部である」、「例えば、家庭や親族間のイザコザや部落内のモメゴトの解決、医者や薬や急病人の世話、税金や借金の相談から婚姻や産児制限の相談、手紙の代筆や人事や法律の相談等々、その他部落の事情に従って数え切れぬほどの沢山の世話役の活動場面がある」と。世話役活動、つまり相談活動がまず第一の課題だとし実例を挙げながら指摘している。

戦後の部落解放運動は、この相談活動を部落問題解決の責務を担う行政の課題へと高めた。生活相談、職業相談、経営相談、教育相談など、課題に応じたきめ細かな相談事業が展開され、そのための生活相談員、職業相談員、経営指導員、子ども会指導員などの相談員・指導員制度が導入された。そして隣保館は、こうした相談活動の拠点施設としての役割を果たしてきた。

その相談活動が部落差別解消推進法であらためて取り上げられている。古くて新しい課題としての相談活動をもう一度考えてみたい。

相談活動の意義

相談活動はなぜそれほどまでに重要なのか。その意義を次の五点に絞って取り上げた。

①心のケア

相談活動が果たすべき役割の第一は、やはり相談者がそれによってホッとするという心のケアであろう。相談者はその相談事によって大きな心の重荷を負っている。だからこそ「悩み事」であり「困りごと」なのである。しかしそれを他者に打ち明けるにはとても大きな勇気が求められる。「正しく受け止めてくれるだろうか」「笑われないだろうか」「自分が悪いのではないだろうか」「恥ずかしい」など、そのハードルは想像以上に高い。

相談することによって必ずしも問題が解決するとは限らない。しかし一人で背負っていた重荷を分かち合ってもらえることによって、冷静に落ち着いて考える心の余裕が生まれるのは事実である。ピアカウンセリングが注目されるのもこの点にかかわっている。相談者の安心が得られること。相談活動はそこから始まる。

②人権救済・人権啓発の真剣勝負

「結婚で相手の親から反対されている」、「職場でつらい体験を強いられた」、「近所で嫌なうわさを立てられている」など、直接的な差別・人権侵害にかかわる事案の場合、相談活動は被害の拡大防止、紛争の解決、被害者の救済の役割を果たさなければならない。

相談者を苦しめている相手方に、まずは事情を確かめるべく直接対応する場合も出てくる。また相談活動だけでは対応しきれない場合には、相談者の了解のもとに運動団体や関係行政機関の協力を得ながら事態の改善に向けた取り組みが求められることにもなる。いずれの場合においても、相談者から事実関係を正確に聞き出し、必要な取り組みへの理解を求めたり、相手方に相談者とともにあるいは代理人としてアプローチするなどの対応が必要となる。まさに相談活動の実践は真剣勝負の人権救済・人権啓発活動である。

③課題発見の場

相談活動は部落解放運動や同和行政、人権行政の課題発見の場である。「収入を増やしたい」「働きたい」「子育てで困っている」「体の調子が悪い」「ひどい侮辱を受けた」「結婚話を進めるのに不安がある」などなど、持ち込まれる相談事案は千差万別である。しかしそれを「個人的な問題である」と片づけるわけにはいかない。そこに現在の取り組みが克服できていない課題が隠されている。

課題は常に個性をまとって市民生活のなかに存在している。それが当事者とともに登場する場が相談活動である。当該相談者以外にもそれによって困り、悩んでいる人が必ずいる。個別相談者の相談ごとの解決に終わるという「事件解決主義的」な相談活動にとどまることなく、相談者が発信している課題の普遍性を発見しなければならない。

④政策立案の出発点

相談事の解決に全力を傾ける。解決に必要な施策や社会的資源をすべて投入する。そして相談者の願いに応えるべく奮闘する。しかし力を尽くしても解決に迫れない場合が生じる。理不尽な現実に何ともできない壁にぶち当たることも出てくる。

そのとき「まあ、これが限界ですわ」と相談活動を終了してはいけない。それを解決するために、今ある施策を改善することや今なされている取り組みを充実させることが求められる。しかしそれでもなおおよばない場合には、さらに新たな施策や取り組みの創造が迫られる。まさに相談活動は現行施策や取り組みの検証の場であり、政策立案の出発点となる。「どうしても解決できない相談事案」は人権政策前進への「宝島」である。

⑤差別の実態把握

相談活動には部落差別の現実が具体的な実例として持ち込まれる。差別事象はもとより、当事者が感じている不安や苦痛、日々の生活におけるさまざまな困難など、差別は多様な形をとって現れる。部落解放同盟は第一一回全国大会（一九五六年一〇月）において、「われわれは、日々生起する一切の問題を部落問題として具体的にいうならば差別として評価しなければならない」と訴えているのはそのことを指している。

まさに相談活動は部落差別の現実の最前線に位置しており、差別の実態把握の場でもある。実態把握にはアンケート用紙による量的調査とともに、聞き取りなどによる質的調査があるが、相談活動はさながら恒常的な質的調査活動であるとも言えよう。そして新たな法的措置が求められる場合、相談事案は立法事実の役割を担うことにもなる。

相談活動の現状

ではその重要な意義を有する相談活動は、一体どんな状況にあるのだろうか。**表6**は二〇〇〇年に大阪府が実施した「同和問題の解決に向けた実態等調査」のうち、同和地区住民を対象にした「同和地区内意識調査」の結果である。同和地区住民を対象にした調査は生活実態調査に限られることが多く、被差別体験や意識にまで広げた調査は貴重である。

これは同調査のなかで、「差別を受けた後、どのように対処しましたか」との問いに対する回答結果と、「あなたは、結婚に関わってこのような差別を受けとき、どのように対処しましたか」に対する回答結果である。結婚差別を受けたときの対応については「自分が同和地区の場合」と「自分が同和地区外の場合」に区分している。

注目したいのは、差別を受けたとき「行政（人権擁護委員等を含む）に相談した」人の割合が一・二%と極めて低いことである。結婚差別にいたっては、「自分が同和地区の場合」で〇・四%、「自分が同和地区外の場合」は〇・三%であり、いずれも実数でいえば一人である。「部落解放運動をしている人（団体）に相談（連絡）した」人の割合も一割にも達していない。こうしたなかで、相談先となっているのは「家族や親戚」が最も多く、次いで「友人」となっている。しかし最も大きな割合を示しているのは「誰にも相談しなかった」であった。

表6　差別を受けた時の反応

		回答者数	家族や親戚に相談した	友人に相談した	部落解放運動をしている人（団体）に相談（連絡）した	行政（人権擁護委員等を含む）に相談（連絡）した	差別をした人に抗議した。話し合った	その他	誰にも相談しなかった	無回答
差別を受けた時の対応		2085	24.8%	16.1%	7.7%	1.2%	19.4%	7.4%	38.5%	2.4%
結婚差別を受けた時の対応	自分が同和地区の場合	268	36.2%	17.5%	3.7%	0.4%	13.8%	6.3%	39.6%	3.0%
	自分が同和地区外の場合	286	18.5%	18.9%	3.5%	0.3%	20.3%	5.2%	42.3%	7.0%

差別を受けたときで三八・五％、結婚差別では「自分が同和地区の場合」で三九・六％、「自分が同和地区外の場合」は四二・三％であった。

差別の最も厳しい現れ方である被差別体験においてさえ、相談活動はその役目を果たしているとは言い難い。むしろその役割は、家族、親戚、友人といった私的な人間関係が担っており、それすら機能せずに一人で抱え込まざるをえない状況に置かれている実情が浮かび上がっている。部落差別解消推進法があらためて相談活動の強化を取り上げているゆえんである。

人権擁護委員制度をめぐる議論

ところで人権擁護施策推進法に基づいて設置された人権擁護推進審議会は、二〇〇一年五月に「人権救済制度の在り方について」と題する答申（諮問第二号答申）を出した。そこには今後の「相談」活動を考えるうえでの重要な指摘がなされている。その主な点を列記すると、

・あらゆる人権侵害に対応できる総合的な相談窓口を整備する必要がある

・相談窓口は、被害者が気軽に相談できる身近なものでなければならない
・都道府県や市町村の行う各種相談事業との有機的な連携が重要である
・各種人権問題とその解決手法に関する専門的知識が必要であり、職員等の質的向上が重要である
・たらい回しに終わらせないためにも、関係機関との連携体制の構築が必要である

同審議会はさらに、国における人権相談活動の基軸になっている人権擁護委員制度について、二〇〇一年一二月に「人権擁護委員制度の改革について（諮問第二号に対する追加答申）」をまとめた。そこでは、「活動実績の乏しい委員も存在し、また、人権救済等に必要な専門性や経験を有する人権擁護委員が必ずしも十分に確保されていないため、活動の有効性にも限界がある」「人権擁護委員の存在が国民の間に周知されておらず、人権相談等が十分利用されているとは言い難いといった問題もある」と十分ではないその現状を率直に認めている。

そのうえで、「人権擁護委員も、社会の構成を反映して様々な年齢層の者で構成されることが望ましい」、「また、女性や各種人権関係団体のメンバーの選任を進めることもそれにつながる」、「あらかじめ一定の地区、団体等に推薦定員を割り振った上で、人選を依頼している例が少なくないが、硬直化して適任者の人選に支障を来たしている面もみられる」とした。人権擁護委員は市町村がその候補者を推薦するものであり、市町村の課題として受け止めなければならない。

さらに答申は「外国人からも適任者を人権擁護委員に選任することを可能とする方策を検討すべきである」としている点に注目したい。現行の人権擁護委員法第六条では「当該市町村の議会の議員の選挙権を有する住民」との国籍条項が存在している。法改正の課題であるとはいえ、その再検討が答申で打ち出されている以上、その趣旨を市町村現場で活かす相談活動の方策が求められる。

また人権相談は、「一定の面接技術が要求されることから、カウンセリングにおける専門的知識・技術等も参考にしつつ、人権相談に関する留意点等について十分な研修を実施する必要がある」とその資質向上をうながし、人権擁護委員およびその組織体が「職務全般にわたり、地方公共団体の担当部署との日常的な接触等を通じ、緊密な連携協力体制を構築すべきである」としている。これら答申の指摘は、いずれも市町村段階における部落差別解消推進法の第四条の具体化への提案として受け止めなければならない。

隣保館活動の再評価と活性化への期待

部落問題にかかわる相談活動の拠点は何といっても隣保館である。その名称は市町村によってさまざまであるが、社会福祉法に基づく隣保事業を実施する施設である。その隣保館設置運営要綱にある「基本事業」に相談活動は位置づけられている。そこには次のように記されている。

「地域住民に対し、生活上の相談、人権に関わる相談に応じ適切な助言指導を行う事業。なお、相談に当たっては、地域住民の利便を考慮して、機動的な相談体制を確立し、また、相談の結果、必要があるときには関係行政機関、社会福祉施設等に連絡、紹介を行うほか、その他適切な支援を行うよう努めること」とある。

また、継続的相談援助事業が特別事業として取り上げられ、長期的、継続的な支援を必要とする相談者に対して総合的に相談事業を行うために、市町村職員、福祉事務所職員、職業安定所職員、教育関係者、民生委員、人権擁護委員、医療関係者、その他必要な関係機関の職員などからなる「支援方策検討会」を設置し支援活動を展開することが示されている。

隣保館が基地となり、相談者の困りごとの解決に向けた総合メニューを作成し、関係機関とつなぎ、しかしたらい回しにならないように常にその取り組みを把握し、相談者を継続的に支えていく相談活動は隣保館の誇りうる取り組みである。

こうした隣保館の相談活動は、日本で初めての「ワンストップの総合相談」である。二〇一五年四月から始まった国の生活困窮者自立支援事業は、この隣保館活動をモデルにしたものであると言え、自立相談支援事業、住宅確保給付金の支給、就労準備支援事業、一時生活支援事業、家計相談支援事業、学習支援事業など包括的な自立支援の方策が総合的に展開され始めている。まさに隣保館が誇りとしてきた「ワンストップの総合相談」の普遍化である。

隣保館活動にはこうした大きな役割があるにもかかわらず、近年現場では隣保館事業の縮小や時には廃止などという逆行する事態が進行してきた。とりわけ二〇〇二年三月の「地対財特法」の期限切れ以降、その傾向が加速してきたのは極めて残念であり、時代錯誤と言わねばならない。全国の隣保館の連絡組織である全国隣保館連絡協議会は部落差別解消推進法制定を機に、「隣保事業の相談事業を活用して隣保館での人権相談を強化する。そのために人権相談を担当する『人権相談員』を配置するための予算措置を講じる」ことを国および地方公共団体に求めている。部落差別解消推進法の第四条と隣保館の相談事業の強化・充実は表裏一体のものである。法の具体化が図られているのか否かの一つの試金石がここにある。

相談活動の抜本的強化

相談活動への期待は大きい。その抜本的強化のための課題については、すでに人権擁護委員制度の改革や隣保館の相談事業の充実について取り上げてきたが、それらと合わせて特に留意すべきポイントを取り上げておきたい。

①「よろず相談活動」の展開

第一は、「よろず相談活動」の展開である。取り組みの前進は相談活動の領域において専門分化をうながしてきた。「市政だより」などに掲載されている市民向け相談一覧を見ればわかるように、教育相談、就労相談、生活相談、人権相談、経営相談、融資相談、法律相談、住宅相談、健康相談などなど、行政のそれぞれの所管内容とリンクした各種の相談事業が多種多様に実施されている。これは一面進歩的なことであるが、しかし実際の困りごとや悩み事においては、さまざまな要素が複雑に絡み合っている場合がほとんどである。たとえば、子どもが学校を休みがちであるという教育相談は、保護者の生活事情にかかわっていることが多く、その保護者の生活事情は就労問題に関連し、就労困難の背景には健康問題や識字問題が横たわっているといった具合である。その結果、自分の困りごとの中心（主訴）は何なのか、それはどこに相談してよいのかさえわからなくなることがしばしばである。

であるからこそ、まずは相談事を丸ごと受け止め、そのうえで、どのような支援が有効であるのかという解決への設計図を描くための総合的な相談活動が求められている。専門診療科がずらりと並んだ総合病院における「総合診療科」の発想である。隣保館活動が築いてきた相談活動はまさにそれであり、そのモデルを全市に広げていきたい。

②ネットワークの構築

第二は、相談解決にかかわるネットワークの構築である。丸ごと受け止めた相談事の解決への設計図を作り上げ、次にはそれを具体化する専門的な取り組みが必要である。「よろず相談活動」の場が基地となり、行政の担当部局、関係する当事者団体、その問題に取り組んでいる市民団体、専門家など問題解決に必要なさまざまな社会的資源との協働の構築である。それは、一人一人の相談に応じて構成されるオーダーメイドのネットワークである。

③予兆の発見とアウトリーチ

第三は、生活相談における予兆の発見とアウトリーチである。相談の場に問題が持ち込まれるときには、すでに事態はかなり悪化している場合が多い。人は誰しも自分のしんどいことを他人に知られたくはない。それでも相談の場に訪れるということはその困りごとが「よっぽどのこと」になっているからである。

こうした場合、早くからその予兆がさまざまな形をとって現れていることがほとんどである。たとえば税や子どもの給食費、家賃や公共料金などの滞納である。こうした予兆を見逃さず、「早期発見、早期対応」が相談活動に求められる。相談活動は、相談員が事務所に座って相談者がくるのを待ち受けている「アリ地獄型」ではこの「早期発見、早期対応」はできない。相談員が意識的に問題を発見すべく、能動的に動くことが必要である。それがアウトリーチと呼ばれる相談スタイルである。

しかしそこには個人情報の保護、公務員の守秘義務という課題をクリアする必要性が生まれる。学校の先生は、子どもの給食費の滞納を相談員に勝手に知らせてはならず、税や公共料金の滞納も職員はそれを他人に告げてはいけない。

滋賀県野洲《やす》市の取り組みはこうした課題を克服するものとして注目したい。同市では二〇一一年に、市民部長を委員長に、庁内各課職員・相談員を委員とする「野洲市市民相談総合推進委員会」が設置された。また市民生活相談課が新設された。そこには、生活困窮者の早期把握・早期支援のために、市役所内関係課から生活困窮の予兆にかかわる情報が集約されていく。たとえば、納税推進室からは住民税等の滞納、上下水道課からは上下水道料金の滞納、住宅課からは市営住宅の家賃の滞納、子ども課からは保育料の滞納、教育委員会からは給食費等の滞納などといった具合である。こうした情報から、当事者に対する相談・支援のアウトリーチがなされる。その際重要なのは、こうした個人情報を「多重債務の解決」「生活困窮状況の解消と生活の再建」「野洲市に対する税、使用料、手数料等の滞納の解消」の目的で、先の総合推進委員会委員および弁護士、司法書士、社会福祉協議会に提供することについての市長宛の「個人情報の取り扱いについての同意書」を当事者から提供を受ける仕組みを作っていることである。こうして個人情報の保護と予兆の発見・アウトリーチの相談・支援活動が結合されていく。

④相談員の資質向上

第四は、相談員の資質向上である。相談活動の成否は相談担当者の力量に左右されると言っても過言ではない。その力量にはさまざまなものが含まれる。まず何よりは、相談者にしっかり寄り添い、不安を取り除き、つらいことをみんな吐き出してもらおうとする相談員の姿勢である。「傾聴」はその第一歩となる。

相談を通じて知り得た情報の守秘能力、各種施策にかかわる知識、相手にわかるように説明することのできる表現力、きちんと記録を残すための事務処理力、ネットワークを構築する力、そして労苦を惜しまず相談者のために動こうとする献身性など、数え上げればきりがないほど相談員への期待は高い。もちろん始めからこうした力をすべて有している人などいない。だからこそ、計画的な相談員の研修や経験交流、ケーススタディなどを行う研究会の開催などの取り組みが必要となる。相談員自身が高まろうとするこうした努力は相談者にも必ずや伝わり、安心して相談できる信頼関係を醸成する何よりの糧になろう。

2　実態調査の実施（第六条）

実態調査のすごみ

部落差別の実態のなかに、差別の必然性と差別解消への手がかりが隠されている。生命体を規定する一切の情報が細胞内のＤＮＡ（遺伝子）のなかに書き込まれていることになぞらえれば、部落差別の実態はまさに部落問題のＤＮＡであると言えよう。それを科学的、客観的に明らかにする作業が実態調査である。部落差別解消推進法はその実施を第六条に書き込んでいる。

【部落差別解消推進法】
（部落差別の実態に係る調査）
第六条　国は、部落差別の解消に関する施策の実施に資するため、地方公共団体の協力を得て、部落差別の実態に係る調査を行うものとする。

実態調査の実施を法律に書き込んだことは大変な仕掛けである。言うまでもなく部落差別解消推進法は部落問題解決のための法律であるが、けっして一〇〇点満点の法律ではない。そんな完全無欠の法律など期待するほうが無理である。たとえばこの法律には、差別の禁止規定がない。被害者救済や調査権を有する人権委員会の設置が盛り込まれていない。国の財政支援が明記されていないなど、不足を言えばきりがない。

しかしこの法律は、差別の現実というスタートラインを認知し、部落差別のない社会の実現というゴールラインを明示した。いわば最も重要な枠組みを法において定めた。ただその突き進むべき道筋については、行政の責務や相談活動、教育・啓発の推進などを示したにとどまった。

そこで「部落差別のない社会を実現する」というこの法律の目的を実現するためには、この法律をもっともっと充実させていかなければならないことになる。あるいは別の法律を制定することによって、その目的が達成されるように拡充していかなければならないことになる。そのためには、その拡充発展が必要不可欠であることを社会的に立証することが求められる。いわゆる「立法事実」の立証である。それを明らかにする取り組みが実態調査であり、部落差別解消推進法は条文においてこの課題を盛り込んだ。

第六条は、自らがこの法律の限界を明らかにし、この法律を乗り越えて、この法律の目的を実現するための新たな発展を導くための自動装置と言える。自らの否定と発展を導くという大変な仕掛けが、この法律には組み込まれている。この第六条のすごみを十二分に発揮させるためにも、実態調査に関してぜひとも整理しておかなければならない論点がある。それぞれについて検討したい。

五領域への調査対象領域の拡大

●三領域からとらえられてきた差別の現実

その第一は、「部落差別の実態に係る調査」を行うとあるが、何を調査するのかという点である。言い換えれば、部落差別はどんな形をとって現れているのかということの理解が調査の前提になければならず、それが調査の対象領域を浮かび上がらせることになる。

従来の調査対象領域は三領域であった。これは「同対審」答申において「実に部落差別は多種多様の形態で発現する」とし、これを「心理的差別」と「実態的差別」に分類したことによる。「心理的差別」とは、「人々の観念や意識のうちに潜在する差別であるが、それは言語や文字や行為を媒介として顕在化する。たとえば、言葉や文字で封建的身分の賤称をあらわして侮蔑する差別、非合理な偏見や嫌悪の感情によって交際を拒み、婚約を破棄するなどの行動にあらわれる差別である」とした。また「実態的差別」とは、「同和地区住民の生活実態に具現されている差別のことである。たとえば、就職・教育の機会均等が実質的に保障されず、政治に参与する権利が選挙などの機会に阻害され、一般行政諸施策がその対象から疎外されるなどの差別であり、劣悪な生活環境、特殊で低位の職業構成、平均値の数倍にのぼる高率の生活保護率、きわだって低い教育文化水準など同和地区の特徴として指摘される諸現象は、すべて差別の具象化であるとする見方である」とした。

これによって、「心理的差別」としての「市民の差別意識」と「差別事象」、そして「実態的差別」としての「部落の生活実態」という差別の現れる三つの領域が規定され、これに応じた市民意識調査、差別事象の集約分析、同和地区住民生活実態調査という三種類の調査が行われてきた。

●五領域論

しかしこれで差別のあるがままの広がりをとらえきれているのだろうか。たとえば、部落の当事者にとっては生活実態の課題もさることながら、部落出身であるということに起因する怒りや悲しみ、不安や絶望、心配、遠慮、あきらめ、自己嫌悪など、さまざまに心乱される心理面でのつらさは、これまで差別の現実としては正面から取り上げられてはこなかったと言える。また、市民の間にあっても、単に意識の領域だけではなく、差別事象として発覚しないまでも、偏見に満ちたうわさが飛び交い、部落かどうかを暴く身元調査や土地差別調

図11　部落差別の現実の5領域

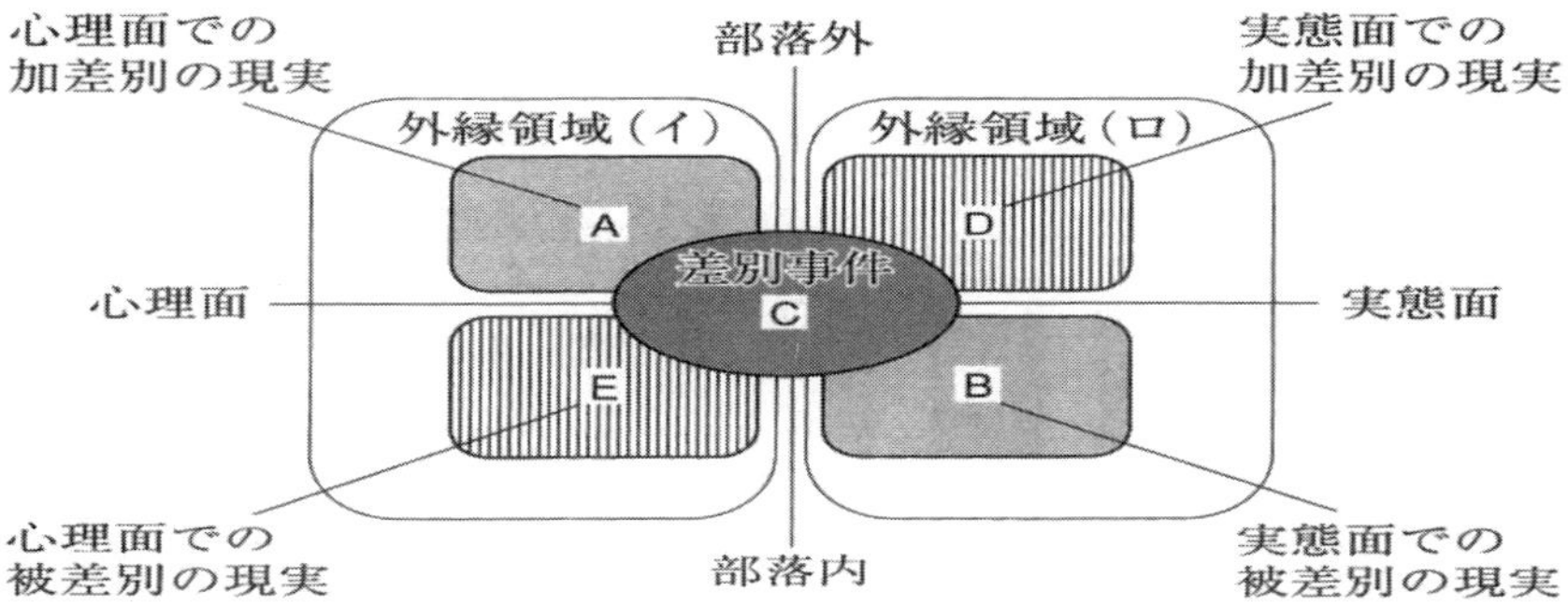

査が横行している実態は、これまでの三領域では対象とされてこなかったものである。

図11は、「同対審」答申の差別の現実認識の構図をもとに、部落の内と外との関係を縦軸に、心理面（意識）と実態面の現象分野の境界線を横軸にとり、部落差別の現実の領域を図に示したものである。これによると、市民の「差別意識」は、「部落外」における「心理面」での差別の現実であるから図中の（A）の部分となる。「部落の生活実態」の領域は、「部落内」の「実態面」に見られる差別の現実であるから（B）の部分がこれにあてはまる。また「差別事象」は、その背景に「差別意識」があり、その結果が「部落の生活実態」に影響を与えていることから、両者が重なり合うものとしてある中央の卵形の（C）の部分で示される。

これにさらに、差別事件としては発見してはいないものの部落の外で差別はどのように日常的に登場しているのかを示しているのが（D）の部分であり、差別が被差別当事者の心理面にどのような影響を与えているのかを示しているのが（E）の部分として表示されている。なお、外縁領域（イ）（ロ）は、こうした部落差別の現実を支えている社会の実態を指している。

結婚差別問題に即してこれに当てはめると、結婚に際して部落出身者を排除しようとする忌避意識が（A）の部分であり、そのために身元調査をしたり、部落出身である場合には結婚に反対する態度や行動が（D）の部分となる。こうした差別は時として結婚差別事件として発覚することがあり、それが（C）の領域である。破談の体験やいまだに相手の親との行き来が認められないなどの結婚にかかわる部落の実態が（B）で、こうした現実は部落の人びとに不安や心配、怒りや悲しみを与えている。それが（E）の領域である。外縁領域（イ）は、こうした現実を支えている現代社会の結婚観や「イエ意識」という社会意識や価値観であり、外縁領域（ロ）は、釣書交換や身元調査の慣習、戸籍制度などがこれにあたる。

部落差別の現れ方をこのような五領域から総合的にとらえることが求められる。それゆえに「部落の差別の実態に係る調査」は、この五領域を射程に入れた調査として実施されることが必要となる。

五領域論からの提起

「部落差別の実態に係る調査」は、部落差別解消推進法の第六条が明記している通り「部落差別解消に関する施策の実施に資する」ことを目的として行われる。したがって、調査を五領域に拡大するということは当然のこととして今後の取り組みに新たな提起をなすこととなる。

部落差別の現実を三領域でとらえるとき、部落差別をなくすための取り組みはこの三領域に焦点を当てた取り組みとして展開されてきた。すなわち、（A）の差別意識に対しては教育・啓発活動であり、（B）の部落の生活実態に対しては同和対策事業が、そして（C）の差別事象に対しては差別行為者に対する説示といった具体である。とりわけその中心をなしたのが同和対策事業であったことから、「部落の有無」と「部落差別の有無」とが混同され、同和行政や同和教育は部落のある行政区の課題との受け止め方を創り上げた。

これに対して五領域から差別の現実をとらえる観点は、部落の側に見られる「被差別の現実」だけではなく、部落の外にある「加差別の現実」をも部落差別の実態としてとらえることを提起し、「部落差別解消に関する施策の実施」をすべての行政における課題であることを明らかにする。

またこの五領域論は、部落解放運動に新たな課題も提起することになる。たとえば領域（E）の認識は、部落の人びとの自尊感情をはじめとする自己概念の形成という課題を部落解放運動の重要なテーマへと押し上げる。またピアカウンセリングとしての部落出身者自身による相談活動の重要性も見えてくる。部落解放運動が「よろず相談機関」たりうるものであることが求められてくる。

「外縁領域」の設定も、部落解放運動のあり方に変化発展をうながす。たとえば、心理面での「外縁領域」が、部落の人びとを包み込んでいることへの自覚である。それは部落出身者自身も女性差別や障害者差別において、差別を支える価値観や人間観の影響を受けていることを教えてくれる。時には、部落差別を支えている社会意識にさえ影響を受けていることがある。部落における教育・啓発活動の重要性への提案である。

こうした差別の現実認識の広がりは、部落問題だけに限ったことではない。障害者に対する差別にあっても、（A）から（E）の五つの領域から差別の現実をとらえることができる。ただしその場合には、縦軸が「部落内」・「部落外」ではなく、「障害あり」・「障害なし」の区分として読み替えられることになる。在日外国人差別や女性差別、性的マイノリティに対する差別など、さまざまな差別問題においてその現実を把握する認識の枠組みとして有効である。差別の現実認識における「五領域論」や「五領域論からの提起」は、部落問題にとどまらず、広く差別問題を考えるうえでの普遍的な意義を持つ。

どんな調査が必要か

では、実際にどんな調査が必要となるのか。具体的な提案を示しておきたい。

①差別事象調査

差別事象の集約、分析である。これは法務省に届けられた人権侵犯事象だけではなく、地方公共団体に届けられた事象、さらには運動団体に訴えられた事象も把握される必要がある。これは行政調査、団体調査として実施できる。

②市民に対する人権意識調査

全国（全都道府県、市町村）から標本を抽出した意識調査である。その際、部落問題に関する意識や認識だけではなく、日常生活のなかで部落問題に関するうわさや見聞などといった経験なども把握したい。これは郵送調査となろう。

③同和地区住民に対する調査

1　意識・被差別体験調査

法務局や地方公共団体に届け出される差別事象は氷山の一角である。結婚差別などの特定個人を襲う差別が表面化することは稀有であることが相談実態からもうかがえる。こうした差別の実態を正確に把握するためには、被差別当事者を対象にした意識や被差別体験調査が必要となる。差別の実態を被差別当事者側から検証することなしに、差別の実態の全体像を把握することはできない。

※なお同和地区住民を対象にした意識・被差別体験調査は実績に乏しいため、参考として二〇〇〇年に大阪府が実施した調査票を本書巻末に〈**参考資料1**〉としてつけている。

2　被差別体験聞き取り調査

被差別体験者には、本人の了解を得たもとで、質的調査（聞き取り調査）を実施する必要がある。それによって差別の実像や被害の全容が一層明らかになる。

3　部落の生活実態調査

「地対財特法」期限切れ後、部落の生活実態はどのような変化を遂げてきたのかを把握することは重要である。これによって部落差別解消のための施策立案の糧にしたい。なおこの調査は、従来の紙ベースによる個別調査もよいが、行政データの活用によってもかなりの部分がカバーできる。

※これら同和地区住民を対象にした調査においては、従来の同和対策事業対象地域を対象にして実施されるのが合理的である（この点については次項でふれる）。

※行政データによる調査の実例として二〇一一年実施の大阪府の調査概要を本書巻末に〈**参考資料2**〉としてつけている。

4　インターネット上の部落差別の実態把握

高度情報化社会の進展にともない登場してきた新たな部落差別の実態である。その把握方法については情報解析ソフトの開発が進んでおり、モニタリング活動などをすでに取り組んでいる市町村や市民グループもある。こうした人びとの協力を得て、まずはどんな情報が放置されているのかのリサーチから始める必要がある。

5　土地差別問題に関する調査

不動産物件が同和地区のものであるかどうかを調査したり、同和地区の物件が忌避されている土地差別問題は、部落差別解消の根幹にかかわる課題である。深刻な差別事象の発覚や国会での議論（国土交通委員会）も踏まえて、宅建業者を対象にした土地差別問題にかかわる調査がぜひ実施されるべきである。すでに多くの府県で、宅建業者団体の協力を得て実施されており、その内容や方法も確立されつつある。所管が国と都道府県になることから、そこでの調査が求められる。

④調査にあたっての留意点

同和地区の有無と部落差別の実態の有無とは同一ではない。したがって「①差別事象調査」「②市民に対する人権意識調査」「③―4　インターネット上の部落差別の実態把握」「③―5　土地差別調査」については、同和地区を有しない行政区においても実施されなければならない。

当事者調査への疑問に答える〈その1〉

ところで「③同和地区住民に対する調査」にかかわって、次のような二つの疑問が投げかけられることがある。一つは、二〇〇二年三月に「地対財特法」が期限切れを迎えて以降、「法の失効によって同和地区を行政的に指定することができなくなった。したがって同和地区住民にかかわる調査は実施できない」というものである。今一つは、「同和地区住民に関する調査は個人情報の保護に抵触するのではないか。だからこうした調査は実施できない」というものである。

こうした疑問が単に取り組みに対する後ろ向きな姿勢を正当化する口実に使われている場合がある。それは論外であり、部落差別解消推進法が制定された今日では許されるものではない。これとは異なり、前向きに取り組みたいのだけれども、どうも先の二点が引っ掛かり調査に踏み切れないでいるケースもある。そのためにもその疑問に答えておきたい。

第一の疑問、「法の失効によって同和地区を行政的に指定することができなくなった。したがって同和地区住民にかかわる調査は実施できない」についてである。もしそうだとしたら、「同和地区の生活保護率」「同和地区の高齢化率」など同和地区の実態にかかわるすべてのデータは収集することができなくなる。「同対審」答申は部落差別の現れ方の一つとして「実態的差別」を取り上げ、これを「同和地区住民の生活実態に具現されている差別のことである」と定義した。そのうえで、「部落差別が現存するかぎりこの行政は積極的に推進されなければならない」とした。しかし同和地区住民に関するデータなくしてどのようにして「実態的差別」を把握し、部落差別の現存を確認することができるのか。どのようにして自治体はその責務の遂行を確認できるのだろうか。つまるところ「同和地区住民に対する調査」の回避は、その主観的思いがいかにあろうが、客観的には同和行政の放棄となることをまず理解したい。

さてこの疑問には、誤りがある。それはそもそも行政は、これまでも同和地区を設定したり線引きしてきたりしてこなかったのである。同和対策事業のあった時代において、行政は環境改善などの事業を実施するためにどこが同和地区かという指定が必要になった。しかし行政が勝手に「ここは同和地区ですよ」などと線引きすることなどできるはずはない。そんなことをすればそれこそ問題である。そこで事業実施のために、同和地区の地元住民や関係機関、運動団体などとの協議を経て、同和対策事業を実施していく「対象地域」を設定していったのである。これが「同和対策事業対象地域」である。行政はこれを同和地区と読み替え、「同和対策事業対象地域」に対して特別対策事業を行ってきた。したがって地元との協議がまとまらなかった場合には、たとえそこが歴史的・社会的に被差別部落であったとしても同和対策事業は実施されなかったのである（これが「未指定地区」問題である）。

つまり行政が行ってきた「地区指定」とは、同和地区を指定したのではなく、「同和対策事業対象地域を指定」したのである。「法の失効によって同和地区を行政的に設定することができなくなった」のではなく、「法の失効によって同和対策事業対象地域を行政的に設定することが必要ではなくなった」のである。

そして今日、実態調査を実施するにあたって再び同じ課題が登場する。それが同和地区の指定であるが、やはり行政的にはそのようなことはできない。したがって、この間地元関係者との協議によって築かれてきた「旧同和対策事業対象地域」を今後も「同和地区」と読み替え、実態調査の対象とすることが歴史的経緯からも最も自然であり適切なことだと言える。

なおこの場合、同和対策事業対象地域でなかった「未指定地区」は部落差別解消推進法による実態調査の対象からも外れることになる。この点については、あらためて地元との協議を始める必要があろう。

当事者調査への疑問に答える〈その2〉

第二の疑問、「同和地区住民に関する調査は個人情報の保護に抵触するのではないか。だからこうした調査は実施できない」についてである。結論から言えば、確かに「同和地区住民に関する調査は個人情報」にかかわる。しかしそれは正しい手続きを踏むものであれば「個人情報の保護に抵触するもの」ではない。

個人情報の保護に関しては二〇〇三年に個人情報の保護に関する法律が制定され、その改正法が二〇一七年五月から施行されている。同法第二条では個人情報を「生存する個人に関する情報」とし、当該情報に含まれる氏名、生年月日その他の記述等により「特定の個人を識別することができるもの」と定義している。そしてこの条文には、「(他の情報と容易に照合することができ、それにより特定の個人を識別することができることとなるものを含む。)」との補足がつけられている。さらに第二条第3項では「要配慮個人情報」が規定されており、「この法律において『要配慮個人情報』とは、本人の人種、信条、社会的身分、病歴、犯罪の経歴、犯罪により害を被った事実その他本人に対する不当な差別、偏見その他の不利益が生じないようにその取扱いに特に配慮を要するものとして政令で定める記述等が含まれる個人情報をいう」となっている。

今日、部落出身者かどうかは、同和地区とされてきた土地との接点（現住所、本籍地、出生地、親や祖父母の現住所や本籍地、出生地など）の有無において判断されている現実がある。こうした現実と個人情報保護法の規定を踏まえれば、同和地区情報は特定個人を「部落出身者」という社会的差別の対象者として識別することになる個人情報となる。また、同和地区住民にかかわる各種データも同じく保護されるべき個人情報である。だからこそ、一九七五年に発覚した『部落地名総鑑』は差別図書なのであり、インターネット上の部落所在地に関する情報の流布は悪質な差別行為なのである。

ただしここで注意しなければならないのは、個人情報保護法は同法第一条に示されている通り、「個人の権利利益を保護すること」が目的であるという点である。機械的に「生存する個人に関する情報」を何でもかんでも秘密にすることを求めているのではない。そんなことになれば、街頭で友人の名前を呼ぶことすらできなくなってしまい、国勢調査すら不可能となる。あくまで人権の立場に立ち、「個人情報の有用性に配慮しつつ」、「個人情報の適正な取り扱い」を定めたのである。

個人情報保護法の制定を踏まえて閣議決定された「個人情報の保護に関する基本方針」においてもこの機械的な理解による「過剰反応」への指摘が次のようになされている。「昨今、プライバシー意識の高まりや個人情報を取り扱う上での戸惑い等の様々な要因から、社会的な必要性があるにもかかわらず、法の定めた以上に個人情報の提供を控えたり、運用上作成可能な名簿の作成を取り止めたりするなど、いわゆる『過剰反応』が生じている」と。

そこで部落差別解消推進法に基づく、「部落差別の解消に関する施策の実施に資する」ための同和地区住民に対する実態調査は、当然実施されるべきものとなる。ただし個人情報保護法の趣旨を踏まえて適正な取り扱いが確保されるように行う必要があるということである。具体的には、調査の目的、調査の方法、情報の管理などを明示し、それを当該自治体の個人情報保護審議会にかけて、その必要性と個人情報保護法に抵触しないことを確認し、了承を得たうえで実施すべきであるということになる。インターネット上での部落情報の流布や土地差別調査行為との違いは、目的、取り扱い、手続きを含むこれらの点にある。

調査の実施は国だけでよいのか

●地方公共団体における調査実施の必要性

部落差別解消推進法の第六条は、実態調査の主体を国とし、地方公共団体は協力する立場として記述されている。文字通り読めば、実態調査は国だけの取り組みとなる。果たしてそれでよいのか。地方公共団体は調査を主体的に実施する必要はないのだろうか。

法律の趣旨からすればそれは正しい理解とは言えない。なぜなら、実態調査の実施は第六条に記されている通り、「部落差別の解消に関する施策の実施に資するため」に他ならない。その「部落差別の解消に関する施策」については、第三条で次のように示されていたことをあらためて確認したい。

【部落差別解消推進法】
（国及び地方公共団体の責務）

第三条　国は、前条の基本理念にのっとり、部落差別の解消に関する施策を講ずるとともに、地方公共団体が講ずる部落差別の解消に関する施策を推進するために必要な情報の提供、指導及び助言を行う責務を有する。

2　地方公共団体は、前条の基本理念にのっとり、部落差別の解消に関し、国との適切な役割分担を踏まえて、国及び他の地方公共団体との連携を図りつつ、その地域の実情に応じた施策を講ずるよう努めるものとする。

そこには、地方公共団体も「その地域の実情に応じた施策を講ずるよう努めるものとする」ことが求められている。だとすれば、その地域の実情を踏まえた施策を立案するためにも、その地域にかかわる部落差別の実態を把握するための調査を実施することは当然のことではないだろうか。

地方公共団体も実施せよとの規定がないことは、地方公共団体はやってはいけないということを意味するものではない。ましてや「第六条に書いていないからしない」という姿勢は、第三条に示された行政の責務に対する消極的な姿勢の表明に他ならない。実態調査への態度は、地方公共団体における部落問題解決への自覚をはかるリトマス試験紙である。

●当事者運動に社会的使命

実態調査活動が求められるのは地方公共団体ばかりではない。行政に実態把握を求める当事者団体自らもまた実態調査に取り組むことが求められる。すべての人権の取り組みの前進には、その第一歩には当事者から差別の実態を世に問う訴えがあった。「差別の実態を明らかにする」というこの最も大切な取り組みを行政だけに任せるわけにはいかない。当事者だからこそ可視化できる差別の現実があることを確認したい。

部落解放同盟鳥取県連合会は、部落差別解消推進法の制定を受けてさっそく実態調査に取り組んだ。それをまとめたのが『二〇一七年度　被差別体験の聞き取り』である。その冒頭には次のように記されている。「私たちは、私たち被差別当事者だからこそできる『差別を受けた体験』をまとめて知らせていくことで、差別の現実を知っていただきたいと思い、『被差別体験の聞き取り調査』を行うことにしました」と。

たとえば三〇代の女性は次のように語っている。「排泄《はいせつ》介助である人の部屋に行くと手を合わせて迎え入れてくれ、『あんたはいつも丁寧にしてくれるからありがたいと思っている』とやさしい声で言ってくれる。排泄介助が終わり話し相手をしていると、『あんた、どこから来とんなる?』と聞かれたので『町内です』と言うと、『町内のどこだ』と聞くので、校区名を言うと『私もそこだで、そこのどこだ?』と聞くので、生まれた村の名前を言うと、それまでニコニコしていた人が、顔の血の気が引き土色になって、また、『上か下か?』と聞くので『上』と答えると、『もういい二度と来んで。私に触るな』と言った」。こうしたつらい出来事がさまざまに語られている。

被差別体験を聞き取ることは「身をえぐるような苦しい体験を再度呼び起こすことに」になり、それは「現在もその人の人生に大きく影響している」、「『心』が痛む経験をしている人が少なくないという現実があらためて、浮かび上がってきました。しかし、部落差別をなくすことに役立つならと、この聞き取りに応じていただいた」と報告書は綴られ、「相手を信頼しているからこそ語れるということもあります」と述べている。差別事象として取り上げられることのなかった毎日の生活のなかでの「何も言えなかった、言わなかった」つらい体験がそこには一〇〇以上も記録されている。

部落解放を希求する運動の第一歩は、当事者の立場からの差別の実態の訴えであり告発である。その任を担う点にこそ当事者運動の社会的使命の第一歩があることを受け止めたい。

第5章

差別禁止、被害者救済、人権委員会設置の法的整備

部落差別解消推進法の第一条は、「部落差別のない社会を実現することを目的とする」と、部落差別のない社会づくり（社会変革）をその目的として打ち出した。理念法と言われる同法の理念の核心はこの部分にある。しかしこの法律にはこの理念を実現するだけの材料がすべて用意されているわけではない。とりわけ差別禁止、被害者救済、人権委員会設置にかかわる法的整備は部落差別のない社会実現にとっての必須要件である。部落差別解消推進法がその目的を果たすための発展的課題として問題提起したい。

「同対審」答申が求めた三つの法律

一九六五年に出された「同対審」答申は、当時すでに部落問題の解決には三つの法律が必要であることを指摘していた。その三つの法律とは、同和対策事業にかかわる「特別措置法」と差別禁止法、そして人権侵害救

済法（人権委員会設置法）である。

同和対策事業にかかわる「特別措置法」については、答申の「結語　同和行政の方向」において、「明確な同和対策の目標の下に関係制度の運用上の配慮と特別の措置を規定する内容を有する『特別措置法』を制定すること」と明記されており、この提案を踏まえて実現したのが一九六九年に制定された同和対策事業特別措置法である。そしてこれが以後、延長や名称の変更、対象事業の縮小を経ながら二〇〇二年三月末の「地対財特法」の期限切れまで継続された。

あとの二つの法律については、「第三部　同和対策の具体案」のなかの「五　人権問題に関する対策」のなかに登場している。その「（一）基本的方針」では、まず次のように述べている。「地区住民の多くが『就職に際して』『職業上のつきあい、待遇に関して』『結婚に際して』あるいは、『近所づきあい、または学校を通じてのつきあいに関して』差別をうけた経験をもっていることが明らかにされた。しかも、このような差別をうけた場合に、司法的もしくは行政的擁護をうけようとしても、その道は十分に保障されていない。もし国家や公共団体が差別的な法令を制定し、あるいは差別的な行政措置をとった場合には、憲法十四条違反として直ちに無効とされるであろう。しかし、私人については差別的行為があっても、労働基準法や、その他の労働関係法のように特別の規定のある場合を除いては『差別』それ自体を直接規制することができない」と。そして「（二）具体的方策」において、「差別に対する法的規制、差別から保護するための必要な立法措置を講じ、司法的に救済する道を拡大すること」が提起されている。いわゆる差別禁止法と人権侵害救済法（人権委員会設置法）制定の提案である。部落差別解消推進法の制定は、五十数年の時を経て、「同対審」答申のこの指摘をあらためてクローズアップさせている

差別禁止法制定の意義

●差別行為を差し止める法的根拠

まずは差別禁止法の制定を考えたい。その意義と必要性を列記すると次のようになる。

第一は、差別行為を規制し、現に進行している差別を差し止めるための法的根拠となる点である。残念ながら日本には差別の禁止を目的とした法律はない。部落の所在地一覧を記した「部落地名総鑑」を作成してこれを売りさばこうが、あるいは結婚に際して相手が部落出身かどうかを身元調査して破談に追い込もうが、こうした差別行為そのものが法律にふれることはない。前者は営業の自由であり、後者は婚姻の自由として容認されてしまうのである。「部落地名総鑑」は特定の個人を対象に人権を侵害しているわけではないので名誉毀損《きそん》などに問うこともできず、結婚差別も差別そのものを裁く法律がないため、それによって被った精神的被害に対する慰謝料を請求することしかできない。

差別を社会的に禁止することができないことへの無念の思いは部落問題だけではない。ハンセン病回復者の宿泊を拒否した「黒川温泉（熊本県）宿泊拒否事件」も、これを告発する法律は「旅館業法」しかなく、県はホテルを四日間の営業停止処分にし、熊本地検も社長ら三人と法人を起訴したものの「略式起訴」によって法定刑上限の罰金二万円が命じられただけであった。堂々と差別行為がなされ、インターネット上に差別情報が流されても、言論の自由、表現の自由、通信の秘密などによってむしろ差別する側が保護されるという理不尽な現実が続いている。差別禁止法はこの現実を食い止めるものである。

●差別についての共通のモノサシの形成

図12　取引不動産物件が同和地区であるかどうかを教えることについての意見

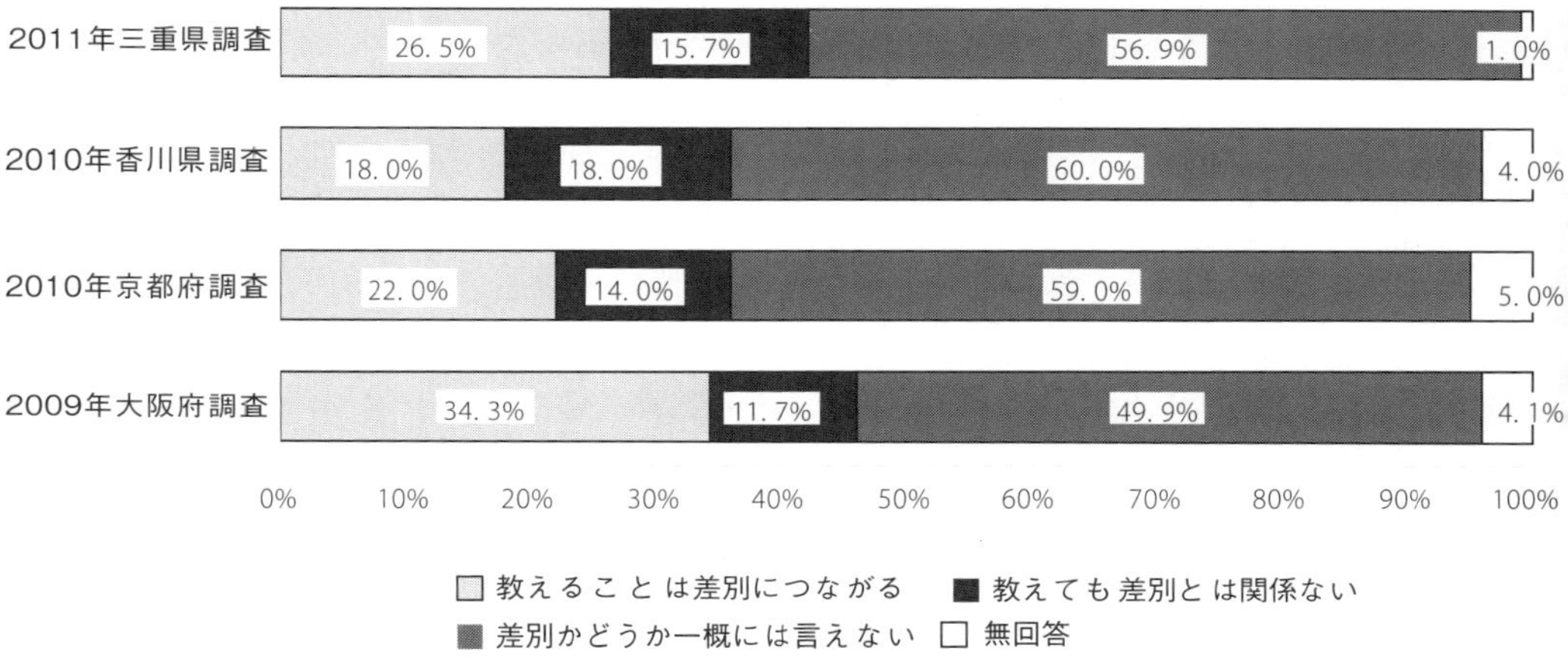

第二は、差別禁止法によって「何が差別か」の共通のモノサシが作られることである。差別を肯定する人はまずいない。しかし、何が差別であるのかが社会の共通認識になっていないもとでは、「差別をなくそう」と一般的に訴えていても空回りになる。差別禁止法はその共通のモノサシを提示するものである。

障害者差別解消法の制定に向けた議論の場であった障害者政策委員会差別禁止部会は、二〇一二年九月に「障害を理由とする差別の禁止に関する法制」についての意見を取りまとめている。このなかで「障害に基づく差別の禁止に関する法制はなぜ必要か」との項目において次のように述べている。「差別的取扱いと思われる事例が多数存在するという現実がある一方で、多くの国民が『差別は良くないし、してはならない』『障害者には理解を持って接したい』と考えているのも事実であり、好んで差別をしているわけではない」、「そこで、『差別はよくないことだ』という国民誰もが持つ考えを形あるものとして生かすためには、具体的に何が差別に当たるのか、個々人で判断することは困難であるので、その共通の物差しを明らかにし、これを社会のルールとして共有することが極めて重要となる」、「これらが、差別禁止法を必要とする理由である」と。

部落問題でもそれは同じことが言える。図12はそれぞれの府県が当該宅建業団体と協力して実施した宅建業者に対する人権問題調査の結果である。顧客や同業者から取引不動産物件が同和地区のものであるのかどうかを質問された際、これを教えることへの意見を尋ねたものである。明らかに同和地区に関する調査であり、差別的な情報提供であるにもかかわらず、「教えることは差別につながる」とした業者は最も高い二〇〇九年大阪府調査でも三四・三％にすぎず、二〇一〇年香川県調査では一八・〇％にとどまっている。逆に、「差別かどうか一概には言えない」がいずれの府県でも大きな割合を占めている。おそらく多くの宅建業者にあっては、部落差別は許されないと考えていることだろう。しかし「何が差別であるのか」のモノサシが社会で共有されていないと、こうした差別行為が悪気なく横行することになるのである。「何が差別か」を明示する差別禁止法の役割は大きい。

●発揮される大きな啓発効果

第三は、差別禁止法の存在そのものが大きな啓発効果を発揮することである。法律とはその時代、その社会の規範を示すものである。このとき、差別を禁止する法律の存在は、社会の動向が人権尊重の方向に歩んでいるとの強力なメッセージを発する。差別禁止が社会的合意として確立されるとき、初めて被差別当事者への補償や救済の問題は恩恵や慈恵ではなく「権利の問題」として社会的に認知されていく。差別撤廃への教育や啓発もその真剣みが増す。事実、人権擁護に関する法律の認知が意識や態度に好影響を与えていることは各種の人権意識調査において立証されている。とりわけ、「何が差別であるのか」が規定されるとき、差別に対する理解と抑止力は飛躍的に高まる。

「同対審」答申は、「『差別事象』に対する法的規制が不十分であるため、『差別』の実態およびそれが被差別者に与える影響についての一般の認識も稀薄となり、『差別』それ自体が重大な社会悪であることを看過する結果となっている」と述べたが、あらためてこの指摘をかみしめたい。

啓発効果は法律制定後から初めて具体化されるのではない。法制定の過程においてこの問題に関する論議が活発に展開されること自体が啓発効果を発揮する。法を制定するには、議会での論議と議決を経なければならない。大切なことはその論議の過程を通じて、差別の現実が白日の下にさらされ、関心の高まりと課題に対する認識がマスコミなどを通じて一気に社会問題化をうながすことである。同時に、法の制定にまでこの問題を高めるためには、大きな世論の形成が不可欠である。そしてこの世論形成の取り組みこそが、市民に対する啓発活動に他ならない。つまり差別禁止法の実現は、法制定の過程それ自体においてすでに大きな啓発効果を有することになるのである。

さらに、制定された法は広く市民に周知されなければならない。その取り組みはこれまでの啓発活動を大きく上回る組織的なものになる。法律に関する啓発資料の作成はもとより、法の運用に関する解説書や実務書が出版されることとなる。教育現場をはじめとするさまざまな社会的領域に、国から組織的に周知徹底がなされていく。こうして市民に「差別は許されない時代に入った」という社会動向を認識させることになる。こうした社会動向認識が「人権の世間」を創り上げていく。

●取り組みのバックボーン

第四は、差別禁止法の制定は、当事者運動はもとより行政や学校、市民団体、労働組合、企業、宗教界、マスコミなどさまざまな分野における差別解消への取り組みの社会性を高め、力強いバックボーンとなることである。

同時に、被差別当事者の誇りの回復、自尊心を支える糧となろう。差別は差別する人間が悪い。しかし被差別当事者において、ともすれば差別の原因を自分の側にあるのだと受け止めてしまうことがある。部落に生まれたから、障害者だから、外国人だから差別を受けるのだというとらえ方である。そこからは、あきらめや絶望が生まれ、自尊感情を深く傷つける。差別禁止法は「差別は差別する者が悪い。だから法律で禁止されている」と、この認識が誤りであることを明確に指し示す。「私は私であってよい」という自己肯定感情を支え、疎外からの解放を支える。

●憲法具体化の法的整備

第五は、差別を法律で禁止することは、憲法の精神を具体化する法的整備の一環をなすという点である。日本国憲法第十四条第1項には、「すべて国民は、法の下に平等であって、人種、信条、性別、社会的身分又は門地により、政治的、経済的又は社会的関係において、差別されない」とある。しかしそこからは差別は社会的に許されるものではないという明確な国家意思は伝わってこない。また憲法は国家と個人の関係を規定するものであり、私人間行為には適応されないというのが一般的な解釈としてある。私人間行為の無差別平等を規定した法律は、一部の労働法を除き存在しない。

人種差別撤廃条約などの国際条約もそれは私人間行為に直接適用できない。名誉毀損や侮辱罪も、特定個人への適用はなされるが、一定の社会的集団に対する行為には当てはまらない。差別禁止法の制定は、こうした法制度の不備を是正するものとしてある。

法律によって「差別禁止」が謳《うた》われることは、「差別は社会的に許されないものである」との規範を明示し、社会生活を営むすべての者が守らなければならないルールであることを確立するうえで極めて重要である。これは部落差別解消推進法の第一条にある「差別は許されないものであるとの認識の下にこれを解消することが重要な課題である」との表明を裏付けるものとなる。差別禁止法の制定は、当事者対策から社会変革への差別解消の時代を象徴する課題と言えよう。

差別禁止法の制定は国際社会の標準規格

今日では、差別を法的に禁止することは国際社会の標準規格となっている。国連は一九四八年一二月一〇日に世界人権宣言を採択した。同宣言は第一条で、「すべての人間は、生まれながらにして自由であり、かつ、尊厳と権利とについて平等である」とし、第二条1で「すべての人は、人種、皮膚の色、性、言語、宗教、政治上その他の意見、国民的若しくは社会的出身、財産、門地その他の地位又はこれに類するいかなる事由による差別を受けることなく、この宣言に掲げるすべての権利と自由とを享有することができる」としている。

この宣言を具体化し、法的拘束力を持たせるために各種人権条約が制定されてきた。社会権規約（一九六六年）、自由権規約（一九六六年）、人種差別撤廃条約（一九六五年）、女性差別撤廃条約（一九七九年）、子どもの権利条約（一九八九年）、障害者権利条約（二〇〇六年）などがそれである。そしてこれら条約にはいずれも差別禁止の条文が設けられている。なお本書巻末の〈**参考資料3**〉に各種人権条約の差別禁止にかかわる条文を収めている。

ところが日本政府はこれらの条約を批准しながらも、差別禁止の法整備にかかわる条項を留保、あるいは無視し続けている。差別禁止法の制定はもはや国際社会の一員として避けては通ることのできない責務としてある（なおこの点に関し、国連からも再三、再四日本政府に出されている勧告や所見については、「第6章　部落差別解消推進法が制定された『よっぽどの理由』」で取り上げている）。

差別禁止法の制定をめざして

一口に差別禁止法と語っても、日本の政治、社会状況を踏まえるとその実現は容易ではない。しっかりとした準備と推進のエネルギーが必要である。その一環として、筆者は二〇一一年六月に、神美知宏《こうみちひろ》さん（ハンセン病回復者・二〇一四年没）、松岡徹さん（部落解放同盟）、多原良子さん（北海道アイヌ協会札幌支部）、楠敏雄さん（障害者インターナショナル日本会議・二〇一四年没）、申惠丰《シンヘボン》さん（青山学院大学）、竹信三恵子さん（ジャーナリスト・和光大学）、丹羽雅雄さん（弁護士）、辛淑玉《シンスゴ》さん（人材育成コンサルタント）とともに共同代表となって「差別禁止法の制定を求める市民活動委員会」を結成した。活動の歩みは同名のホームページにアップしており、また二〇一八年五月一一日にはフェイスブックのページを立ち上げ、現在ではこのフェイスブックを軸に情報発信している（https://www.facebook.com/sabekinnet/）。

この流れを受けて（一社）部落解放・人権研究所では、内田博文さん（九州大学名誉教授）を部会長にした「差別禁止法研究会」を二〇一三年九月に立ち上げた。これまでに、①諸外国における差別禁止法の研究と論点整理、②ハンセン病問題、自死（遺族）問題、ＬＧＢＴ問題、外国人問題、ＨＩＶ問題、見た目問題、部落問題、アイヌ問題、水俣病問題にかかわる差別禁止法を求める立法事実の収集活動（それぞれについてのブックレットの発行と『被差別マイノリティのいま』の発行・二〇一七年、解放出版社）、③それぞれの差別問題にかかわる

図13　差別禁止法の制定に向けたイメージ図

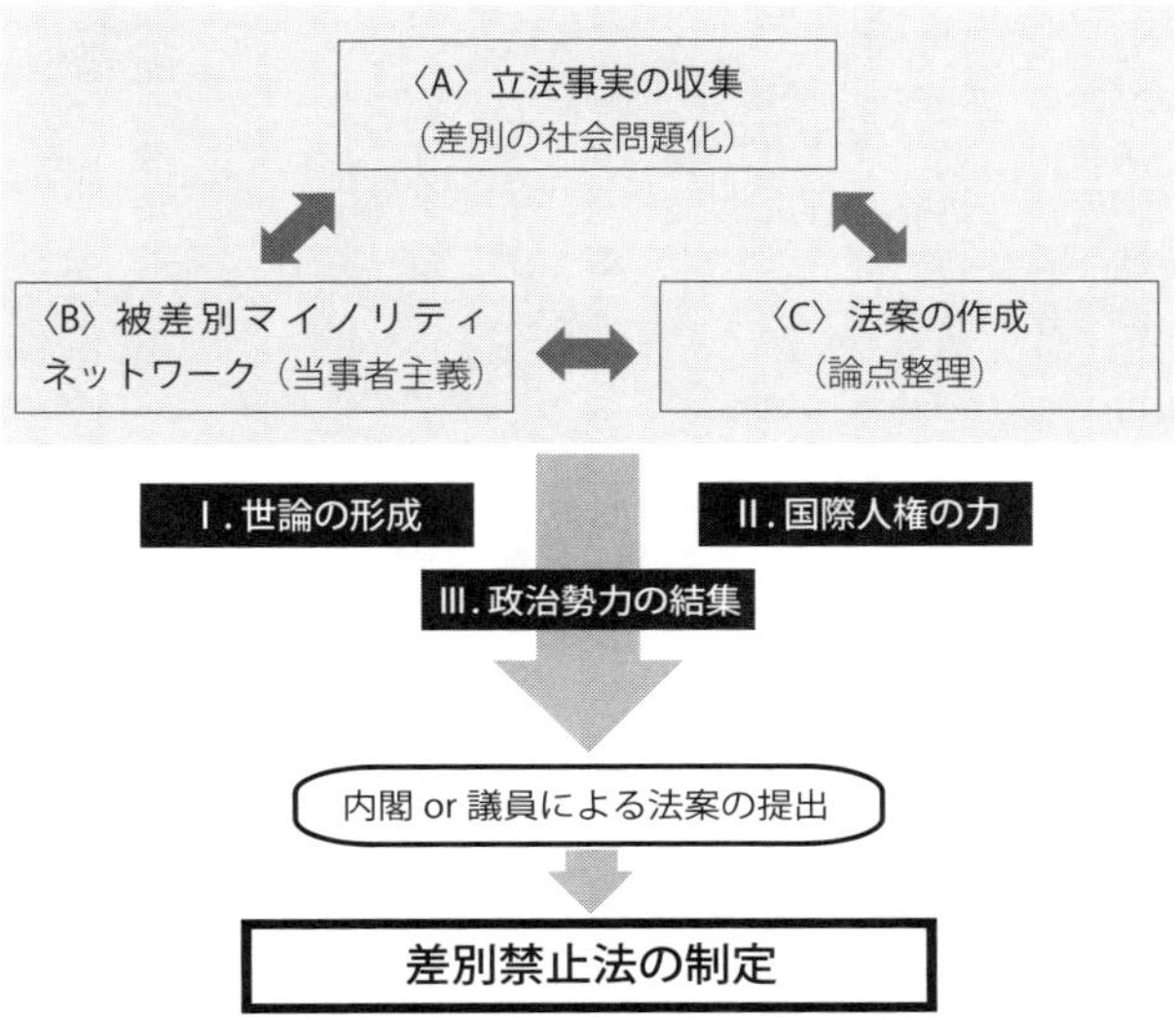

判例研究、④諸外国における差別禁止法の運用状況と課題について研究活動を積み重ねている。また、被差別マイノリティの横のつながり作りと情報交換を兼ねて年一回、一泊二日の交流会を開催してきた。

こうしたなかで、差別禁止法について次のような論点が明らかになっており、その整理と法案のたたき台を作成していく段階へと取り組みの発展が期待される。

Ⅰ提案する差別禁止法は個別差別問題ごとの法律か、包括的な差別禁止法か

Ⅱ差別禁止法でいう禁止対象の差別の範囲、具体的な差別行為をどのように設定するのか

Ⅲ禁止規定の担保措置をどうするのか。罰則規定を設けるのか否か

Ⅳ差別の定義をどう書き込むのか。一般的、抽象的なものにとどめるのか、個別課題ごとに列記するのか

Ⅴさまざまな批判をどう説得するのか。たとえば自由権、とりわけ表現の自由との関係で、規制ではなくアメリカなどのように「対抗言論」で対処すべきとの主張や教育や啓発で事足れりとする意見、さらには権力による濫用を抑えられるのかという危惧など

図13は、差別禁止法の制定へ向かう取り組みのイメージ図である。被差別マイノリティががっちりとスクラ

ムを組んで立ち上がり、圧倒的な世論の形成と国際人権の力を背に受けて新たな法的整備の段階へと前進したい。

被害者救済・人権委員会設置にかかわる法的整備

●人権擁護推進審議会による諮問第二号答申

人権侵害による被害者救済および人権委員会の設置については、人権擁護施策推進法に基づいて設置された人権擁護推進審議会による諮問第二号答申「人権救済制度の在り方について」(二〇〇一年五月)においてその必要性や内容についてすでに明らかにされている。これは重要な答申である。

そこでは人権課題を「女性・高齢者・障害者・同和関係者・アイヌの人々・外国人・HIV感染者・同性愛者等に対する雇用における差別的取扱い、ハンセン病患者・外国人等に対する商品・サービス・施設の提供等における差別的取扱い、同和関係者・アイヌの人々等に対する結婚・交際における差別、セクシャルハラスメント、アイヌの人々・外国人・同性愛者等に対する嫌がらせ、同和関係者・外国人・同性愛者等に関する差別表現等の問題」を「差別」の問題として取り上げ、また「夫・パートナーやストーカー等による女性に対する暴力、家庭内・施設内における児童・高齢者・障害者に対する虐待、学校における体罰、学校・職場等におけるいじめ等の問題」を「虐待」の問題として例示している。さらに、「公権力による人権侵害」と「マスメディアによる人権侵害」を取り上げている。

こうした人権侵害に対する救済手法としては、相談やあっせん、指導等の「簡易な救済」と、調停、仲裁、勧告・公表、訴訟援助、特定の事案に関する強制的手法の「積極的救済」を挙げ、その整備を求めている。なお強制的手法の対象となる特定の事案とは、「不特定又は多数の者に対して差別的取扱いが行われる明らかなおそれを生じさせる行為や、部落地名総鑑の頒布等差別を助長・誘発するおそれの高い一定の表現行為」のこととしており、こうした場合には「人権救済機関自らが裁判所にその排除を求めるなどして、人権侵害の防止を図っていく仕組みの導入が必要であり、表現の自由に配慮しつつ、我が国の法制上これを可能とする具体的手法を検討すべきである」とした。

さらに積極的救済を図るべき人権侵害については実質的な調査権限を整備すべきであるとしたうえ、具体的なその内容については次のように述べている。「調査権限の内容や実効性担保の程度については、他の裁判外紛争処理制度（ＡＤＲ）における調査権限の整備状況等も踏まえながら、例えば、過料又は罰金で担保された質問調査権、文書提出命令権、立入調査権など、救済の対象や救済手法の内容との対応関係において真に必要な調査権限の整備を図るべきである。また、人権救済機関の調査に対する公的機関の協力義務を確保する必要がある」と。

●人権救済機関の組織体制の整備

答申はさらに、こうした調査や救済を行う人権救済機関の整備を謳い、それは「政府からの独立性が不可欠であり、そのような独立性を有する委員会組織とする必要がある」と提案している。いわゆるパリ原則（一九九一年パリで開かれた国内機構ワークショップにおいて採択され、一九九三年国連総会でも付属文書として採択された「国内機構の地位に関する原則」）に基づく人権委員会の設置である。またその地方における事務局体制の整備を求めた。

人権擁護推進審議会は、人権救済機関設置との関連において現行の人権擁護委員制度の充実にも検討を進め、諮問第二号に対する追加答申として二〇〇一年一二月に「人権擁護委員制度の改革について」を出した。

●人権擁護法案と人権委員会設置法案

こうした人権擁護推進審議会による諮問第二号答申「人権救済制度の在り方について」をベースに作成されたのが人権擁護法案であり、自民党の第一次小泉内閣において二〇〇二年三月に国会に提出された。しかし設置される人権委員会の独立性の問題や報道の自由が制限されるなどの批判が起こるなどして三会期連続して継続審議となるなか、二〇〇三年一〇月の衆議院解散により廃案となった。

その後民主党政権となり、その最後の内閣となった野田内閣は先の法案と同趣旨の人権委員会設置法案を二〇一二年一一月九日に国会に提出したが、七日後の一六日に衆議院を解散し廃案となった。

「人権擁護推進審議会の答申」、「自民党政権による人権擁護法案の国会提出」、「民主党政権による人権委員会設置法案の国会提出」というこの間の経緯を踏まえれば、被害者救済・人権委員会設置にかかわる法的整備の環境は一定程度整っていると言える。差別禁止法という実定法と人権擁護法（人権委員会設置法）という手続法は表裏一体のものである。これらの整備により、「同対審」答申が提案した三つの法律は実現する。それはまた、部落差別解消推進法が打ち出した「部落差別のない社会実現」という理念を現実のものとするための必要不可欠な法的整備である。

東京都国立市における差別禁止条例の制定

部落差別解消推進法が施行されて以降、この法律を地方公共団体においてより積極的に展開するための条例の制定が全国各地で精力的に進められている。そこでは、法律にはない「審議会の設置」が盛り込まれていたり、実態調査についても地方公共団体の課題として明記されるなど、「上乗せ・横出し」と呼ばれる法のより一層の充実が図られている。

こうしたなかで東京都国立市において、二〇一八年一二月に「国立市人権を尊重し多様性を認め合う平和なまちづくり基本条例」が制定され、二〇一九年四月一日より施行された。取り組みの経過については「『国立市人権・平和基本条例』の意義と市民の取り組み」（『部落解放』七六九号、二〇一九年二月号、解放出版社）に宮瀧順子さん（部落解放同盟国立支部支部長）と押田五郎さん（清掃・人権交流会会長）が書かれている。

この条例は、包括的な差別禁止や人権救済にまで踏み込んだ条例である。その前文には「国においては、日本国憲法に掲げる基本的人権の尊重と恒久平和の理念の下、人権や平和に関する法制度の整備等の様々な取組が行われてきた。近年では、障害を理由とする差別の解消の推進に関する法律、本邦外出身者に対する不当な差別的言動の解消に向けた取組の推進に関する法律及び部落差別の解消の推進に関する法律が制定され、地方自治体においても、地域の実情に応じた差別解消を推進するための更なる取組が求められている」としたうえで、「しかし、今もなお、人種、皮膚の色、民族、国籍、信条、性別、性的指向、性自認、しょうがい、疾病、職業、年齢、被差別部落出身その他経歴等を理由とした不当な差別や暴力等の人権侵害が存在し、日常の暮らしの脅威となっている」との現状への危惧を表明し、「そこで、国立市、そして国立市に暮らす私たちは、『人権侵害を許さない』という強い意志とソーシャル・インクルージョンの理念の下、一人一人が当事者として、自ら考え主体的に行動し、互いの多様性を認め合い人権を尊重することによって平和なまちを実現すること（以下「人権・平和のまちづくり」という。）を目指して、たゆまぬ努力を続けることを決意し、この条例を制定する」と力強く謳っている。こうした条例は全国で初めてであり、今後の差別禁止・人権救済条例の参考になるものと思われるので〈参考資料４〉として本書巻末に収録している。

第6章

部落差別解消推進法が制定された「よっぽどの理由」

この間、部落差別解消推進法が制定されたことをさまざまな人に伝えたとき、多くの人から返された反応は「えっ、また部落問題の法律ができたの？　意外だなぁ」というものであった。「なんでまた、突然に？」とか、「降ってわいたような法律ですね、一体何があったの？」という軽い驚きをともなうものも多かった。読者の皆さんにあっても、同じような感じで今般の法律を受け止めた方がおられることだと思う。

しかし法律というものは「降ってわいたように」とか「とってつけたように」はけっして成立するものではない。ある政党が議席の過半数を握っているからと言って、その党の提出法案がすいすいと可決成立することはまずない。力づくで可決しようとすると、強行採決となり国会がもめにもめるという事態を私たちは何度も経験している。つまり、法律を一本国会で上げるということには、単に数の力だけではない、そこに「よっぽどの理由」が存在するということなのである。

こうした法案成立の「常識」を今回の部落差別解消推進法にあてはめるとき、そこにはこの法律制定にかかわる「よっぽどの理由」があったのだということになる。ましてや本書冒頭でも紹介した通り、この法律は参議院本会議で賛成二二〇、反対一四という与野党を越えた圧倒的多数で粛々と可決成立したのである。その事実を顧みるとき「よくよくの事情」が部落差別解消推進法制定の背景に存在していたことが伝わってくる。ではその「よっぽどの理由」とは一体何だったのだろうか。「部落差別解消推進法を学ぶ」最後のテーマは、この「よっぽどの理由」の探求である。それは、私たちを取り囲む部落問題や人権課題をめぐる社会状況の確認にもなるはずである。

1　部落差別解消推進法の実現を導いた三つの「よっぽどの理由」

「よっぽどの理由」1——巨大な国民運動の成果

●蓄積された幅広い国民運動の成果

「よっぽどの理由」の第一は、私たちや私たちの先輩による、脈々と築かれてきた部落解放運動（当事者運動）や人権政策の確立を求める広範な国民運動の展開である。

一九六五年に「同対審」答申を出させた戦後の部落解放運動の発展や国策樹立を求める国民運動の展開は、その後も途切れることなく推進され、地方公共団体や教育現場での実践、労働組合やメディアにおける活動、市民の各界各層を対象にした研究大会や研修会の開催などなど、燎原《りょうげん》の火のごとく成長を遂げた。その広がりと蓄積は、アメリカの公民権運動や南アフリカにおける反アパルトヘイト運動などとともに、世界の人権運動史に輝く卓越した人権運動であると言っても過言ではない。

戦後の人権の取り組みの突破口を切り開いたのは部落問題（部落解放運動）であったが、活動の前進は差別問題の対象を急速に広げ理解を深めた。たとえば、筆者が大学生であった一九七〇年後半には「セクハラ」などという言葉はまだ社会に登場していなかったが、一九八九年には新語・流行語大賞の新語部門金賞になっている。男女雇用機会均等法の制定はその三年前の一九八六年に実現した。

ハンセン病患者や回復者そしてその家族の人権を踏みにじってきた「らい予防法」が廃止されたのは一九九六年、その権利回復を謳《うた》った「ハンセン病問題基本法」の制定は二〇〇九年である。アイヌ民族問題では一九九七年に「アイヌ文化振興法」が制定されたが、国会において「アイヌ民族を先住民族とすることを求める決議」が採択されたのは二〇〇八年である。さらには、「児童虐待防止法」（二〇〇〇年）や「DV防止法」（二〇〇一年）も実現し、たとえ親子であろうが夫婦であろうが、暴力は許されない人権侵害であることが社会のルールとして確立されていった。そして今日では、セクシュアルマイノリティの問題がクローズアップされている。

一昔前には考えられなかったくらいのさまざまな差別の問題、人権課題が社会問題化されてきた。「人権の地層」が弛みなく積み重ねられ、「人権の畑」が多くの人びとの汗と涙のなかで耕されてきた。日本国憲法第十二条は「この憲法が国民に保障する自由及び権利は、国民の不断の努力によつて、これを保持しなければならない」としているが、まさに戦後の人権運動はその「不断の努力」の結晶である。

部落差別解消推進法は、こうした私たちや私たちの先輩による実践の賜物《たまもの》である。反差別人権運動のこうした蓄積がなければこの法律はけっして成立するはずはなかったに違いない。この法律が制定された「よっぽどの理由」の第一はこの点にある。一人一人には実感がないかもしれないが、「部落差別解消推進法は私たちが作り上げた法律だ！」と胸を張って語りうる成果である。

●企業や宗教界においても

部落問題や人権課題への取り組みが、世界的にも稀《まれ》なほどに広く社会に浸透していることの象徴として、企業における組織と宗教界における組織を紹介しておきたい。

企業が本格的に部落問題に取り組み始めるきっかけは一九七五年に発覚したいわゆる「部落地名総鑑」差別事件である。部落の所在地を一覧にした図書が何種類も発行され、それを多くの企業が購入していた事件である。この事件の反省や企業の社会的責任への自覚を踏まえて、一九七八年二月に大阪で「同和問題企業連絡会（現在の大阪同和・人権問題企業連絡会）」が五二社の参加で発足した。その後会員企業を拡大するとともに、全国各地でも同様の人権に関する企業連絡組織が結成されていった。その一覧は**表7**の通りである。**表8**としてつけたのは東京人権啓発企業連絡会の会員企業一覧であるが、実に幅広いわが国のリーディングカンパニーが結集していることがわかる。

それぞれの組織においては自主的に事務局を設置し運営され、合同の階層別の社員人権研修などが実施されている。また全国連絡会を作り、年一回大規模な「同和問題に取り組む全国企業連絡会全国集会」を開催するとともに、各地の部落解放・人権政策確立要求実行委員会などに加盟し国に対する要望活動などを積極的に展開している。

宗教界が部落問題に本格的に取り組むきっかけとなったのは、一九七九年にアメリカで開催された世界宗教

表7　全国各地の人権問題企業連絡組織

結成日順　　2018年6月

会名称	結成日	加盟企業数
大阪同和・人権問題企業連絡会	1978/2/22	138
京都人権啓発企業連絡会	1978/3/1	62
福岡市企業同和問題推進協議会	1978/9/28	454
東京人権啓発企業連絡会	1979/11/26	124
兵庫人権啓発企業連絡会	1980/12/1	36
愛知人権啓発企業連絡会	1981/2/24	26
同和問題の解決をめざす広島企業連絡会	1981/9/1	118
千葉人権啓発企業連絡会（2017/9/25 改称）	1982/6/17	12
香川人権啓発企業連絡会	1983/3/10	13
埼玉人権啓発企業連絡会	1987/4/15	43
滋賀人権啓発企業連絡会	1988/9/12	415
鳥取市人権啓発企業連絡会	1990/11/19	78
長野県同和問題企業連絡会	1992/5/7	17
計		1,536

表８　東京人権啓発企業連絡会会員企業（同連絡会ホームページより）

ＩＨＩ、あいおいニッセイ同和損害保険、あおぞら銀行、朝日生命保険、味の素、味の素ＡＧＦ、アメリカンホーム医療・損害保険、安藤ハザマ、ＩＭＡＧＩＣＡ Ｌａｂ.、エーザイ、ＮＥＣソリューションイノベータ、ＮＴＴコミュニケーションズ、ＮＴＴコムウェア、ＮＴＴデータ、ＮＴＴ都市開発、ＮＴＴドコモ、ＮＴＴファシリティーズ、荏原製作所、大内新興化学工業、大林組、小野田化学工業、オリエントコーポレーション、学研ホールディングス、関西ペイント、関電工、かんぽ生命保険、共栄火災海上保険、キリン、栗田工業、京成電鉄、ＫＮＴ—ＣＴホールディングス、京浜急行電鉄、コスモエネルギーホールディングス、小林製薬、五洋建設、佐藤工業、産業振興、資生堂、清水建設、ＪＸＴＧエネルギー、ＪＦＥスチール、蛇の目ミシン工業、商工組合中央金庫、商船三井、城北信用金庫、昭和興産、昭和大学、信越化学工業、新生銀行、セブン＆アイ・ホールディングス、ソニー、ソフトバンク、損害保険ジャパン日本興亜、第一生命保険、大京、大成建設、太平洋セメント、大和証券グループ本社、中外製薬、帝国ホテル、電通、東海カーボン、東京海上日動火災保険、東京ガス、東京電力ホールディングス、東芝、トピー工業、飛島建設、ドン・キホーテ、日新火災海上保険、日新製糖、日清製粉グループ本社、日清紡ホールディングス、日本コロムビア、日本電気、日本電信電話、日本航空電子工業、日本たばこ産業、日本電気協会、日本山村硝子、ニュー・オータニ、ノザワ、野村證券、パレスホテル、東日本電信電話、東日本旅客鉄道、日立キャピタル、日立金属、日立製作所、富士ゼロックス、富士通、富士電機、不動テトラ、丸ノ内ホテル、マルハニチロ、丸紅、みずほ証券、みずほ信託銀行、みずほフィナンシャルグループ、三井Ｅ＆Ｓホールディングス、三井住友海上火災保険、三井住友信託銀行、三井住友フィナンシャルグループ、三越伊勢丹ホールディングス、三菱ケミカル、三菱地所、三菱自動車工業、三菱製紙販売、三菱倉庫、三菱マテリアル、三菱ＵＦＪ銀行、三菱ＵＦＪ信託銀行、三菱ＵＦＪニコス、明治安田生命保険、持田製薬、山崎製パン、ゆうちょ銀行、雪印メグミルク、吉本興業、ライジングプロ・ホールディングス、ラサ商事、りそな銀行
以上一二三社（2018年11月現在）

表9　同和問題にとりくむ宗教教団連帯会議　加盟団体（『部落問題・人権辞典』より）

大本・カトリック教会・浄土宗・真言宗智山派・真言宗豊山派・浄土真宗本願寺派・真宗大谷派・曹洞宗・天台宗・天理教・日本基督教団・立正佼成会・臨済宗妙心寺派・臨済宗建長寺派・臨済宗大徳寺派・臨済宗南禅寺派・臨済宗方廣寺派・臨済宗天龍寺派・臨済宗佛通寺派・臨済宗東福寺派・和宗・円応教・金光教・念仏真教教団・真言宗諸派連合卍教団・神道大教・高野山真言宗・真言宗神道派・浄土宗西山禅林寺派・西山浄土宗・真宗佛光寺派・真宗興正派・真宗出雲路派・真宗誠照寺派・真宗山元派・黒住教・善隣教・扶桑教・神理教・日本バプテスト連盟・黄檗宗・天台寺門宗・真宗高田派・真言宗醍醐派・臨済宗圓覚寺派・臨済宗永源寺派・東寺真言宗・融通念仏宗・聖観音宗・時宗・真言宗金剛院派・法華宗・顕本法華宗・真言三宝宗・真言宗御室派・阿含宗関東別院・真宗北本願寺派・日本聖公会・臨済宗建仁寺派・世界救世教いづのめ教団・日本ナザレン教団・真宗木辺派・真宗三門徒派・神社本庁・天台真盛宗・福田海・本門佛立宗・臨済宗相国寺派・浄土宗西山深草派
協賛団体　全日本仏教会・日本キリスト教協議会（NCC）・新日本宗教団体連合会

者平和会議における全日本仏教会理事長による「日本に部落差別はない」という発言問題である。この反省を踏まえて一九八一年に結成されたのが「『同和問題』にとりくむ宗教教団連帯会議」である。表9は、その加盟教団一覧である。

企業や宗教教団までもが部落問題の解決、人権政策の確立の取り組みを精力的に展開し、部落問題解決の法制定を訴え続けてきた。国民運動の広がりがこうしたなかにも示されている。

「よっぽどの理由」2——攻撃的差別の登場と対応できない現行法制

●公然とした差別行為の登場

部落差別解消推進法が制定された「よっぽどの理由」の第二は、近年公然となされ始めた攻撃的な差別行為の登場である。本来差別というものは「してはいけないこと」というのは学習しなくてもわかる当たり前のこととして共有されてきた。それゆえに差別は人知れず、こっそりと行われてきたのである。たとえば人に見られないようにトイレで差別落書きをするとか、匿名《とくめい》で差別はがきを送りつけたり、相手に黙って身元調査を行ったりするようにである。

ところが世の中にはゴリゴリの差別意識を持った人間がいるものであり、こうした人間は反差別人権の取り組みが社会の隅々にまで広がってくるとその居場所がなくなってくる。そこで「窮鼠《きゅうそ》（追い詰められたネズミ）猫を噛《か》む」ではないが、差別者が居直り始めてきた。まさに「盗人猛々しい」とはこのことである。公然と名前を名乗り、メディアやインターネットの世界に登場し、一体何が悪いのかと差別をまき散らし出したのである。その典型がヘイトスピーチである。白昼堂々とハンドマイクなどを使い、在日韓国・朝鮮人の集住地域や繁華街などで、差別扇動をし始めたのである。時には一人で、あるいは集団でデモを行いながら、メディアの取材に何ら隠そうとすることもなしに全国各地でこうした差別行為が引き起こされ始めた。

●インターネット上への部落差別情報の垂れ流し

部落問題ではインターネット上への差別情報の垂れ流しが急速に拡大してきた。その一つは「検索サイト」での差別的情報の氾濫である。（公財）反差別・人権研究所みえは、二〇一三年に「Yahoo! 知恵袋」という質問サイトを使い「同和」という言葉で検索し分析している。それによると、質問上位一〇〇〇件のうち、三三三件（三三％）が偏見に基づく差別的な質問であった。身元調査に関するもの七〇件、結婚差別にかかわるもの二五件、土地差別に関するもの二五件など差別に直結するものだけで一二〇件に上っている。他のサイトでも、「どこが部落か教えてほしい」とか「結婚相手が部落出身者かどうか調べる方法は?」などの露骨な質問が公然となされ、またそれらに対し差別を助長する回答が堂々と行われている。

動画サイトでも部落差別を露骨に扇動するものが溢《あふ》れている。近年の社会問題化されている事件や問題事象と部落を無理やり結びつけて偏見をあおる動画や、全国各地の部落にカメラを持ち込み映像や写真で地区内の施設や風景、時には個人の住宅までも映し出してインターネット上でさらすというサイトが開設されている。

地図サイトの上に同和地区がわかるようにマッピング（ピン止め）したり、同和地区の地面だけ色塗りをしてその範囲がわかるように表示しているものなど、部落をやりたい放題の形でネット上で暴く事態が放置されている。こうしたサイトは削除要請をしてもなかなか実現せず、また個人を特定したものでないことなどにより名誉毀損にも問えないという地団駄を踏む状況が続いている。

●『全国部落調査』復刻版出版事件

こうしたなかで二〇一六年二月五日、「示現舎」が『全国部落調査・復刻版—部落地名総鑑の原点—』を販売するとして、通信販売サイトのアマゾンに予約受付の広告を流した。その中心人物Mが管理人を務めるブログ名は「鳥取ループ」と名乗っており、「示現舎」はそのグループの出版社名である。

彼らが出版予告した『全国部落調査』とは、一九三五年に政府の外郭団体である中央融和事業協会が全国の部落の実態調査を行った報告書で、当時の五三〇〇あまりの部落の地名、人口、戸数、職業、生活状況などの情報が行政別地区別に記載されている資料である。これは一九七五年に発覚した「部落地名総鑑」差別事件の原本だとも言われている。当時は企業に密《ひそ》かに販売されていた部落の所在地を暴く資料が、「示現舎」によってネット上で公然と販売宣伝がなされたのである。

彼らは二〇一五年に東京都内の大学図書館にこの資料があることを知りコピーし、戦前の住所を現在の住所に修正したうえ、これをネット上で公開した。さらにそれを出版し販売するという挙に出たのである。部落解放同盟を始め多くの人びとの抗議により、アマゾンは同年二月一〇日に取引中止としたが、その時点ですでに五三件の予約が入っていた。

部落解放同盟は横浜地裁に出版禁止の仮処分の申し立てを行い、三月二八日に仮処分決定が下された。するとMはその訴訟資料一式と『全国部落調査』のコピーをヤフオク！（オークションサイト）に出品し、一五〇件の入札があった。その間「示現舎」は『全国部落調査・復刻版―部落地名総鑑の原点―』のデータをネット上に公開し拡散し続けた。部落解放同盟はネット掲載についても掲載禁止の仮処分を申し立て、四月一八日に仮処分の決定がなされた。これらの仮処分に「示現舎」は抗告したが、いずれも認められなかった。しかし一度流れ出た情報は回収することなど不可能で、コピーサイトや類似のサイトが多く作られ流され続けている。

かつての「部落地名総鑑」差別事件は何ら法的措置が取られることはなかった。そして今日では、「部落の所在地を明らかにして何が悪い」という居直りと世界中にその情報をばら撒《ま》くという暴挙が繰り広げられている。悔しい限りであるが、現行法ではこうした事態に有効な手立てを講じることはできない。部落差別解消推進法の第一条にある「情報化の進展に伴って部落差別に関する状況の変化が生じている」とはまさにこうした現実を指すものであり、法制定の「よっぽどの理由」の二つ目がここにある。

「よっぽどの理由」3——もうこれ以上無視しえなくなった国際人権の力

●人権に関する国際標準を満たす国内法の整備

部落差別解消推進法が制定された「よっぽどの理由」の第三は、人権に関する国際標準を満たす法整備を日本政府は速やかに実施せよという世界からの要請である。世界の恒久平和の基礎となる人権の確立を主要な役割の一つとする国連は、世界人権宣言を採択しこれに法的拘束力を持たせた各種人権条約を制定してきたことはすでにふれた。各国はそれを批准し、国内法の整備を果たすことになった。

さらに国連は主要な人権条約について、締約国が国内法の整備などによってそれを具体化しているのかを点検し、課題が残されている場合にはその克服をうながすための委員会を設置し、定期的に締約国からの報告を求める作業を行っている。またその際には、各国政府の報告だけでは状況を正しく反映していないことが考えられる（課題を過小評価したり、時には政府自身が人権侵害行為を行っている場合も存在する）ため、国連が認定したＮＧＯなどからも意見をくみ取り、当該国に対する総括所見（最終見解）を採択している。

日本政府に対しては、差別禁止の法制度の整備が決定的に不十分であることを指摘し、早急な改善を求めるたくさんの勧告がなされている。それらを完全にクリアできないまでも、せめて「差別をなくすことを目的とした法律の整備」は最低限度の課題としてあった。国際社会の一員として、もはや人権に関する世界のルールを無視し続けることは不可能であり、それが沸点に達しようとしていた。「よっぽどの理由」の第三は、まさにこの国際人権の力である。

●あいつぐ勧告の実例

改善を求めるあいつぐ勧告の実例（抜粋、一部省略）をいくつか紹介しておく。なおこれらを含む差別禁止にかかわる日本政府への国連からの勧告や総括所見についての抜粋は、本書巻末の〈**参考資料5**〉に収めている。

▼二〇〇一年三月　人種差別撤廃委員会最終所見（paはパラグラフのこと）。

pa10. 委員会は、締約国の法律においてこの条約に関連する唯一の規定が憲法第一四条であることを懸念する。この条約が自動執行性を有さないという事実を顧慮し、委員会は、とくに条約第四条および第五条の規定に従い、人種差別を禁止する特別法の制定が必要であると信ずる。

▼二〇〇一年八月　社会権規約委員会最終所見

pa39. 委員会は、締約国に対し、規約第二条第二項に掲げられた差別の禁止の原則は絶対的な原則であり、客観的な基準にもとづく区別でないかぎりいかなる例外の対象ともなりえないという委員会の立場に留意するよう要請する。委員会は、締約国がこのような立場にしたがって差別禁止法を強化するよう強く勧告するものである。

▼二〇〇六年一月「ドゥ・ドゥ・ディエン報告」（人権委員会　現代的形態の人種主義、人種差別、外国人嫌悪および関連する不寛容に関する特別報告者の報告）

pa76. （差別禁止・処罰法の制定）政府および国会は、緊急事項として、憲法および日本が締約国となっている国際文書（人種差別撤廃条約、自由権規約および社会権規約を含む）の規定を国内法体系制内で実施するよう、人種主義、差別および外国人嫌悪を禁止する国内法の採択に取り組むべきである。

pa77. （差別的身元調査の禁止／ＩＬＯ一一一号条約の批准）ある人を、採用、住居の賃借もしくは売買、又はその人の権利の行使に関し差別するために使用される、個人の出自に関するリストおよび調査を禁止する適切な法規定を採択すべきである。雇用及び職業に関する差別を禁止するＩＬＯ一一一号条約（一九五八年）を批准することも勧告する。

pa79. （国内人権機関のあり方／差別問題専管部局の設置）平等および人権のための国家委員会が、パリ原則、とりわけその独立性の要件に従って設置されるべきである。現代的差別のもっとも重要で現に関連しあっている領域、すなわち人種、皮膚の色、ジェンダー、世系、国籍、民族的出自、障害、年齢、宗教、性的志向が総合的な形で集約されなければならない。この委員会の調査員になるための国籍条項は、差別的であるから設けられてはならない。政府が部落差別を含む差別問題を特に取り扱う適切な行政部局を設置することも勧告される。

pa83.（マイノリティ集団との立法・政策協議）政府は、マイノリティ集団に関連して採択される政策や立法に関し、マイノリティ集団と協議すべきである。

▼二〇一〇年四月　人種差別撤廃委員会最終所見

pa12. パリ原則に沿った、十分な資金及び適切な人員を有する独立した人権機構を設置し、その機関が幅広い人権に関する権限と現代的形式の差別に取り組むための特別な権限を有するよう要請する。

▼二〇一四年七月　自由権規約委員会総括所見

pa11. 締約国は、性的指向およびジェンダー・アイデンティティを含むあらゆる理由に基づく差別を禁止し、差別の被害者に効果的で適切な救済を提供する包括的な差別禁止法を採択すべきである。

pa12. 委員会は、朝鮮・韓国人、中国人または部落民などのマイノリティ集団の構成員に対する憎悪と差別を扇動している広範囲におよぶ人種主義的言説と、これらの行為に対する刑法と民法上の保護の不十分さに懸念を表明する。

▼二〇一四年八月　人種差別撤廃委員会総括所見

pa22. 世系に関する委員会の一般的勧告二九（二〇〇二年）を念頭に置き、委員会は世系に基づく差別は条約で完全にカバーされていることを想起する。委員会は、締約国が部落の人々との協議により、その見解を変え、明確な部落民の定義を採択するよう勧告する。委員会はまた、二〇〇二年の同和対策特別措置の終了時にあたってとられた具体的措置、とりわけ部落民の生活状況に関する情報と指標を提供するよう勧告する。委員会はさらに、部落民を差別行為に曝すような戸籍情報への不正なアクセスから部落民を守るために法律を効果的に使い、戸籍の不正な乱用に関するすべての事件を調査し、責任者を罰するよう勧告する。

2　社会状況に点火した二つの要因

二〇二〇年東京オリンピック・パラリンピックの開催

●オリンピック・パラリンピックと人権

①粘り強く幅広い巨大な国民運動の内的圧力、②差別蛮行に有効な手立てが打てない地団駄を踏む事態の進行、③国際的な人権水準を守れという国連からの度重なる外的圧力、こうした状況の加速度的な進行は、もはや人権に関するこれまでの社会的枠組みではにっちもさっちもいかない所にまでいたった。この一触即発の状況に点火した二つの要因がある。その一つが二〇二〇年開催のオリンピック・パラリンピックであった。

オリンピック・パラリンピックと人権のかかわりは深い。オリンピック憲章はＩＯＣ（国際オリンピック委員会）の規定など七つの章から構成されているが、その前段にその由来などを綴《つづ》った「前文」とともに七つの「オリンピズムの根本原則」が記されている。このうち次の三つの項目に人権にかかわる原則が書き込まれている。

・根本原則2．オリンピズムの目的は、人間の尊厳の保持に重きを置く平和な社会の推進をめざすために、人類の調和のとれた発展にスポーツを役立てることである

・根本原則4．スポーツをすることは人権の一つである。すべての個人はいかなる種類の差別も受けることなく、オリンピック精神に基づき、スポーツする機会を与えられなければならない。オリンピック精神においては友情、連帯、フェアプレーの精神とともに相互理解が求められる

・根本原則6．このオリンピック憲章に定める権利および自由は人種、肌の色、性別、性的指向、言語、宗教、政治的またはその他の意見、国あるいは社会的な出身、財産、出自やその他の身分などの理由による、いかなる種類の差別も受けることなく、確実に享受されなければならない

同憲章第一章「オリンピック・ムーブメント」にある「2　ＩＯＣの使命と役割」では、一六項目の六番目に「オリンピック・ムーブメントに影響を及ぼす、いかなる形態の差別にも反対し、行動する」ことがＩＯＣに課されており、第五章「オリンピック競技大会」にある「33　開催都市の選定」には、「3．立候補都市の国の政府は、国とその公的機関がオリンピック憲章を遵守すると保証する法的に拘束力のある証書をＩＯＣに提出しなければならない」ことが規定されている。

●開催地立候補の意味

オリンピック・パラリンピックの開催地に立候補するということは、こうしたオリンピック憲章が謳う人権尊重の取り組みを遵守、推進するとの国際的な意思表示であり、それはとりもなおさずその国際標準である国連の人権諸条約の基準をクリアする姿勢を示すことを意味した。筆者は当初、障害者差別をなくすという法律を持たない日本がパラリンピックの開催を取りに行くという厚顔無恥な振る舞いに驚いたが、障害者運動に取

り組んでいる知人はむしろこれを歓迎し、「これはオリンピック・パラリンピックの開催までに障害者差別をなくす法律を制定するということを国際公約したようなものだ」と語っていたことが今にして思い出される。

ニューヨークに本部を置く国際的な人権NGOであるヒューマン・ライツ・ウォッチは、二〇一四年九月に「IOCは今後のオリンピック開催都市との契約に差別禁止義務を含めると発表した」と報じている。同NGO日本代表を務める土井香苗さん（弁護士）は、東京での開催が人権尊重の取り組みに拍車をかけることを期待し、その具体的な評価点の一つとして、二〇一一年に採択した「ビジネスと人権に関する指導原則」にのっとって大会を行うと宣言したことをあげている（「朝日新聞」二〇一八年一二月一日）。東京大会はこの原則にのっとった初めての大会となり、次のパリ大会からは開催都市の義務となる。

オリンピック・パラリンピックの成功には国家の威信がかかっていよう。こうして人権にかかわる世界の標準基準をクリアしようとする姿勢の具体化が、大会の成功と表裏一体のものとして期限を切って日本に迫られることになった。

●持続可能性に配慮した調達コード

東京オリンピック・パラリンピック競技大会組織委員会が作成した「持続可能性に配慮した調達コード」もこうした人権尊重の取り組みを象徴するものとしてある。「調達コード」とは、大会関連の工事や物品・サービスなどのすべてを対象としたこれらにかかわる事業者に課す基準である。その「持続可能性に関する基準」が五分野を設定して具体的に述べられているが、その一つの分野に「人権」が取り上げられている。

そこでは先に紹介したオリンピック憲章にある「オリンピズムの根本原則６」が紹介され「強く支持する」とされたうえ、「①国際的人権基準の遵守・尊重」では次のように述べられている。「サプライヤー等は、調達物品に関して、人権に係る国際的な基準（特に世界人権宣言、人種差別撤廃条約、自由権規約、社会権規約、拷問等禁止条約、女子差別撤廃条約、児童の権利条約、障害者権利条約、強制失踪条約、人身売買等禁止条約、先住民族の権利に関する国際連合宣言）を遵守・尊重しなければならない」。

また「②差別・ハラスメントの禁止」では、「サプライヤー等は、調達物品等の製造・流通等において、人種、国籍、宗教、性別、性的指向・性自認、障がいの有無、社会的身分等によるいかなる差別やハラスメントも排除しなければならない」と明記されている。そして「③地域住民等の権利侵害の禁止」「④女性の権利尊重」「⑤障がい者の権利尊重」「⑥子どもの権利尊重」「⑦社会的少数者（マイノリティ）の権利尊重」と続いている。

これに違反している場合の通報窓口も不十分ながらも設けられている。「調達コード」に反差別・人権尊重が位置づけられ「持続可能な開発目標（ＳＤＧｓ）」の課題が反映される仕組みを設けたことの意義は大きい。

●東京都人権条例と民族共生象徴空間の建設

二〇一八年一〇月、東京都は「東京都オリンピック憲章にうたわれる人権尊重の理念の実現を目指す条例」を制定した（二〇一九年四月施行）。性自認および性的指向を理由とする差別およびヘイトスピーチの解消を図ることを趣旨とする都道府県段階では初めての条例である。条例の前文には、「東京二〇二〇オリンピック・パラリンピック競技大会の開催を契機として、いかなる種類の差別も許されないというオリンピック憲章にうたわれる理念が、広く都民に浸透した都市を実現しなければならない」と書かれている。第一条（目的）にもそのことが記されており、名称からも明らかな通りオリンピック・パラリンピックによる「人権効果」のなせる業と言える。

アイヌ民族問題でも二〇二〇年に照準を当てた取り組みの展開が行われている。それが北海道胆振《いぶり》管内白老《しらおい》町に二〇二〇年四月オープンの「民族共生象徴空間」である。国立アイヌ民族博物館と国立民族共生公園、慰霊施設からなる施設で、公園の敷地面積は九・六ヘクタールにおよぶ広大なものである。これにはさまざまな立場から課題が指摘されてはいるものの、こうした取り組みも二〇二〇年の東京オリンピック・パラリンピックを見据えたものであると思われる。

人権に関するこれまでの社会的枠組みの変更をうながし、部落差別解消推進法をはじめとする差別解消の法整備をうながす内外の要因に一気に火をつけたものとして、二〇二〇年開催のオリンピック・パラリンピックがあったと言えよう。

引き金を引いた和歌山の部落解放運動

人権に関するこれまでの社会的枠組みでは、内外の状況に対応し切れない飽和状態に「転換」の端緒を切り開いたもう一つの要因、それが和歌山の部落解放運動である。従来から部落解放同盟和歌山県連合会は「部落問題の解決」という一致点において超党派の取り組みを展開してきた。部落差別解消推進法の制定に当たってもそれはいかんなく発揮された。同県連藤本哲史委員長の「第一三回全隣協近畿ブロック女性職員研修会（二〇一八年一月二五日）」での報告によると、今回の経過は次のようなものであった。

二〇一二年一一月、民主党野田内閣による人権委員会設置法案が国会の解散で廃案となり、総選挙で自民党政権が復活した。こうしたなかで、二〇一三年六月の和歌山県議会で「『人権侵害の救済に関する法律』の早期制定を求める意見書」が賛成多数で採択され、衆参両議長や内閣総理大臣などに提出された。また地元選出の二階俊博衆議院議員への働きかけを推進した。二〇一五年九月の和歌山県議会では、『「企業・団体による部落差別撤廃のための法律』の早期制定を求める意見書」が賛成多数で採択され、衆参両議長や内閣総理大臣などに提出された。

同じ九月に自民党和歌山県連の呼びかけで、部落差別を助長する報道やインターネット上の差別書き込み、土地差別調査等の差別事象が後を絶たないことや、先の県議会意見書が採択されたことを受けて「人権課題解決に向けた和歌山県集会」を東京にて開催するための実行委員会が結成された。会長には二階俊博自民党総務会長(当時)が就き、和歌山県、県教育委員会、和歌山県市町村会、市町村議会議長会、自民党和歌山県連、公明党和歌山県本部、民主党和歌山県連、部落解放同盟和歌山県連など一〇団体が賛同し加盟した。こうして二〇一五年一一月一六日に、東京の都市センターホテルで「人権課題解決に向けた和歌山県集会　人権フォーラム〜実効性のある法制度制定を求めて〜」が開催された。集会での講演では稲田朋美自民党政調会長(当時)から個別法、つまりそれぞれの人権課題に特化した法律によって対応していくことが語られた。

こうした動きを受け、二〇一六年三月には自民党内に「自民党差別問題に関する特命委員会」と「部落問題小委員会」が設置され、部落解放同盟などからヒアリングがなされた。こうして作り上げられたのが「部落差別の解消の推進に関する法律案」で、自民党から公明党、民進党に法案が提示され合意されていった。法案は五月一九日に、自民党・公明党さらに民進党、日本維新の会の賛同も得て二階俊博衆議院議員他八名の議員によって衆議院に提出され、継続審議扱いを経て、次の第一九二回国会(臨時会)の衆議院本会議で一一月一七日に可決、一二月九日には参議院で可決・成立したことは本書冒頭でも述べた通りである。

和歌山におけるまさに県民ぐるみの取り組みの蓄積と機を見るに敏な和歌山における運動の展開が、一気呵《か》成《せい》な法律制定への引き金を引いた。

状況が沸点に達した二〇一六年

●ターニングポイントとなった二〇一六年

部落差別解消推進法の実現を導いた三つの社会的背景が二つの要因を受けながら状況変化の沸点に達した年、それが二〇一六年であった。この年ついに、社会のルールたる法律によって差別解消を進める時代がスタートした。

その口火を切ったのは、障害者権利条約の批准に向けて障害者基本法の改正（二〇一一年）など着々と取り組みが進められていた障害者問題の分野で、二〇一六年四月に「障害を理由とする差別の解消の推進に関する法律（障害者差別解消法）」が施行された。続いて六月には「本邦外出身者に対する不当な差別的言動の解消に向けた取組の推進に関する法律（ヘイトスピーチ解消法）」が制定、そして一二月に部落差別解消推進法が制定されたのである。

これらはいずれも、けっして突然、「降ってわいたような法律」ではない。差別撤廃への日本社会の取り組みが質的に新たな段階へ移行しなければならない「よっぽどの理由」が導いた必然的な結果である。時を同じくして差別解消三法が施行されたのは、けっして偶然の産物ではないのである。

障害者問題、ヘイトスピーチ問題、そして部落問題が新たな段階への先陣を切った。この後も、二〇一九年四月にはアイヌ民族を「先住民族」と明記し、「何人もアイヌの人々に対して、アイヌであることを理由として差別すること、その他の権利利益を侵害する行為をしてはならない」とする「アイヌの人々の誇りが尊重される社会を実現するための施策の推進に関する法律」が制定された。性的指向および性自認等により困難を抱えている当事者等に対する法の整備についても議論が進んでいる。

いずれの法律も差別の規制や被害者救済などの課題を抱えており一〇〇点満点でない。また個別法にとどまらず包括的な差別禁止法の必要性も訴えられている。しかし被差別当事者に対する「対策法」から「社会を変革して差別を解消する」という差別解消法の登場は、戦後の人権政策の新たな段階の到来を告げた。そのターニングポイントとなったのが二〇一六年という年であった。

●時代の象徴

部落差別解消推進法が制定された翌月の二〇一七年一月二三日、招集された第一九三回通常国会の衆議院本会議では、各党代表質問で自民党の二階幹事長が登壇した。そしてこう質した。

自民党二階幹事長「先の国会で成立した部落差別解消推進法は、長年の悲願であり、ここにあらためてご賛同をいただいた議員各位に深く感謝申し上げます。部落解放、解消推進にかける総理の意気込みをお訊《たず》ねしておきたいと思います」。これに対して安倍首相は次のように答弁した。

安倍首相「部落差別解消にむけた意気込みについてお訊ねがありました。部落差別のない社会を実現することは重要な課題であります。政府としてもこれまで教育、啓発活動など様々な施策を講じてきたところでありますが、先の国会で成立した部落差別の解消の推進に関する法律の主旨をふまえて、今後とも差別の解消に向けてしっかりと対処してまいりたいと考えています。」

筆者は何も自民党や安倍首相を持ち上げるつもりでこれを紹介しているのではない。自民党の幹事長が部落差別解消推進法を長年の悲願と語り、自民党の首相が部落差別のない社会の実現を重要な課題であり、差別の解消に向けてしっかりと対処すると答えたのである。各方面に大いに忖度《そんたく》してもらいたい答弁であるが、長く部落問題に取り組んできた者としては、それは信じ難い光景であった。このやりとりに部落差別解消推進法制定の必然性と時代の変化を感じたのは筆者一人ではないだろう。

おそらくどの政党が政権を担当し、誰が首相を務めていたとしても、①粘り強く幅広い巨大な国民運動の内的圧力、②差別蛮行に有効な手立てが打てない地団駄を踏む事態の進行、③国際的な人権水準を守れという国連からの度重なる外的圧力の前では、主義主張や政治信条のいかんを問わず、差別解消の法制定は避けることのできない課題としてあったということである。そしてたまたまその時の政権が自民党であり、安倍首相であったにすぎないのである。

部落差別解消推進法はこうした時代の象徴である。しかしそれはまだまだ完成形ではない。新しい時代はまだ始まったばかりである。より良いものを迫る取り組みが二〇一六年を機に開始されている。各地での創意工夫された周知徹底の活動や、法の不十分性を補完する条例制定運動などはその表れである。

部落差別解消推進法は恒久法であり法の有効期限は設定されていない。部落差別のない社会の実現まで生き続ける法律である。その佳《よ》き日が一日も速やかに実現できるよう、新たな取り組みを力強く前進させたい。

参考資料

【参考資料 1】
2000 年大阪府「同和問題の解決に向けた実態等調査（同和地区住民意識調査）」調査票

【参考資料 2】
2011 年大阪府「行政データを活用した実態把握」概要
（平成 25 年 2 月 15 日　大阪府同和問題解決推進審議会資料より）

【参考資料 3】
各種人権条約に見る無差別平等・差別の禁止規定（抜粋）

【参考資料 4】
国立市人権を尊重し多様性を認め合う平和なまちづくり基本条例

【参考資料 5】
差別禁止の法制定を求める日本政府に対する国連の主な勧告や総括所見（抜粋）

【参考資料1】

2000年大阪府「同和問題の解決に向けた実態等調査（同和地区住民意識調査）」調査票

同和問題の解決に向けた実態等調査

意　識　調　査

調　査　票

平成１２年（２０００年）５月
大阪府・関係２３市町

《お答えにあたってのお願い》

○この調査票の調査項目については、調査員が依頼したご本人がお答えくださるようお願いします。

○回答は、問の番号順に、質問ごとに用意してある答えの中から、ご本人自身のお答えにあてはまる番号を○で囲むか、数字を記入していただく形式です。

○回答によっては、次の質問をとばしていくところがあります。その場合には、矢印等にしたがって次へ進んでください。

○「その他」を選んだ場合は、（　　）内に具体的にご記入ください。

○各ページの○数字はコンピュータ処理用です。お答えの内容とは関係ありません。

●ご回答いただきました調査票は、　　月　　日（　　曜日）に、

私（調査員）＿＿＿＿＿＿が受け取りにうかがいます。なにとぞ、

それまでにご記入くださいますようお願いいたします。

なお、調査票は所定の封筒に入れて調査員にお渡しください。

＊調査員記入欄

地区			調査員担当区			世帯		対象者	
②	③	④	⑤	⑥	⑦	⑧	⑨	⑩	⑪

■ 同和地区や同和地区出身者に関する意識についてお聞きします。

問１．あなたが、「同和問題」「部落問題」について、初めて知ったのはいつ頃ですか。（○は１つ） ⑫⑬＝21

1　６歳未満（小学校入学以前のとき）
2　６～12歳未満（小学生のとき）
3　12～15歳未満（中学生のとき）
4　15～18歳未満（高校生のとき）
5　18～20歳未満
6　20歳以上
7　はっきりとおぼえていない
8　「同和問題」「部落問題」がどんなものか知らない ──→ （このページ問２へ進んでください） ⑭

問１付問．「同和問題」「部落問題」について、初めて知ったのは、どういったきっかけからですか。（○は１つ）

1　家族（祖父母、父母、兄弟など）から聞いた
2　親戚の人から聞いた
3　近所の人から聞いた
4　学校の友だちから聞いた
5　学校の授業（学校の先生）で教わった
6　子ども会の活動で知った（子ども会の指導員から聞いた）
7　地元の部落解放運動によって知った
8　テレビ・ラジオ、新聞、本などで知った
9　職場での研修会で知った ⑮
10　府や市町村の広報紙や冊子などで知った ⑯
11　自分が差別的な事件を経験した
12　その他（具体的に　　　　　　　　）
13　はっきりおぼえていない

問２．あなたは、自分を「同和地区出身者」であると思いますか。それともそうは思いませんか。（○は１つ）

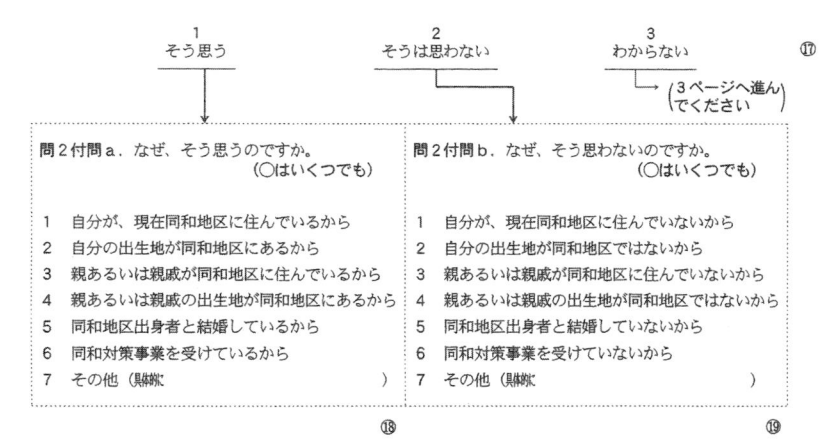

1　そう思う
2　そうは思わない
3　わからない →（３ページへ進んでください） ⑰

問２付問ａ．なぜ、そう思うのですか。（○はいくつでも）

1　自分が、現在同和地区に住んでいるから
2　自分の出生地が同和地区にあるから
3　親あるいは親戚が同和地区に住んでいるから
4　親あるいは親戚の出生地が同和地区にあるから
5　同和地区出身者と結婚しているから
6　同和対策事業を受けているから
7　その他（具体的に　　　　　　　　）

⑱

問２付問ｂ．なぜ、そう思わないのですか。（○はいくつでも）

1　自分が、現在同和地区に住んでいないから
2　自分の出生地が同和地区ではないから
3　親あるいは親戚が同和地区に住んでいないから
4　親あるいは親戚の出生地が同和地区ではないから
5　同和地区出身者と結婚していないから
6　同和対策事業を受けていないから
7　その他（具体的に　　　　　　　　）

⑲

〔全員の方に〕

問3．あなたは、「被差別部落（同和地区）」という言葉を聞いたとき、どのような感じを持ちますか。その感じを、(1)～(9)の対になっている語句のすべてについて、あなたの感じやイメージにいちばん近いところに、例にならって○をしてください。

例えば、例の「広いー狭い」の場合、「やや広い」とお感じのときは「ややAに近い」の2に○をしてください。まったく感じやイメージを持たない場合は、「わからない」の6に○をしてください。

あまり深く考えず、頭に浮かんだ感じを気軽にお答えください。（○はそれぞれ1つ）

	A	1 非常にAに近い	2 ややAに近い	3 どちらともいえない	4 ややBに近い	5 非常にBに近い	B	6 わからない	
例	広い	1	(2)	3	4	5	狭い	6	
(1)	上品な	1	2	3	4	5	下品な	6	⑳
(2)	やさしい	1	2	3	4	5	こわい	6	㉑
(3)	清潔な	1	2	3	4	5	不潔な	6	㉒
(4)	進んでいる	1	2	3	4	5	遅れている	6	㉓
(5)	豊かな	1	2	3	4	5	貧しい	6	㉔
(6)	新しい	1	2	3	4	5	古い	6	㉕
(7)	働きもの	1	2	3	4	5	なまけもの	6	㉖
(8)	強い	1	2	3	4	5	弱い	6	㉗
(9)	団結した	1	2	3	4	5	ばらばらな	6	㉘

問4．あなたは、同和地区がそれ以外の地域に比べ誇りに思えるところは、どのような点にあると思いますか。
（○はいくつでも）

1 人権に関する意識が高い
2 困っている人がいたらみんなで助ける
3 子どもの教育に熱心である
4 すぐれた文化がある
5 差別を許さない気持ちが強い
6 住民の自主活動が活発である
7 その他（具体的に　　　　　　　　） ㉙
8 すぐれているところはないと思う
9 わからない

■ 同和地区や同和地区出身者に対する差別についてお聞きします。

問5．現在、同和地区の人たちは、就職する時に不利になることがあると思いますか。（○は1つ）

1 しばしば不利になることがある　2 たまに不利になることがある　3 不利になることはない　4 わからない　㉚

（1・2と答えた方）

問5付問．それは、近い将来、なくすことができると思いますか。（○は1つ）

1 完全になくすことができる　2 かなりなくすことができる　3 なくすことは難しい　㉛

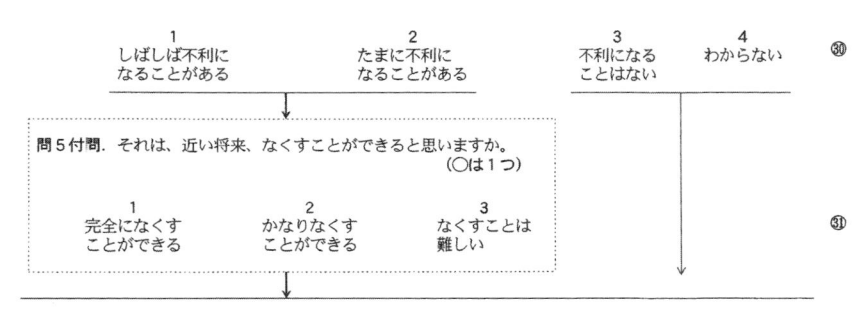

問6．現在、同和地区の人たちは、結婚する際に、同和地区出身であることを理由に反対されることがあると思いますか。（○は1つ）

1 しばしば反対されることがある　2 たまに反対されることがある　3 反対されることはない　4 わからない　㉜

（1・2と答えた方）

問6付問．それは、近い将来、なくすことができると思いますか。（○は1つ）

1 完全になくすことができる　2 かなりなくすことができる　3 なくすことは難しい　㉝

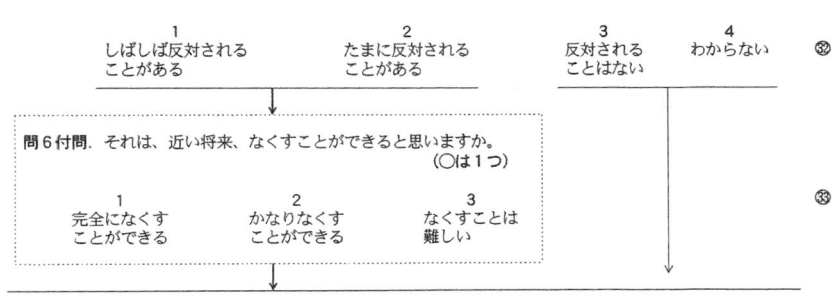

問7．現在、同和地区の人たちは、地区外に出ると、なかまはずれにされたり、避けられたりすることがあると思いますか。（○は1つ）

1 しばしばある　2 たまにある　3 そういうことはない　4 わからない　㉞

（1・2と答えた方）

問7付問．それは、近い将来、なくすことができると思いますか。（○は1つ）

1 完全になくすことができる　2 かなりなくすことができる　3 なくすことは難しい　㉟

（5ページへ進んでください）

（5ページへ進んでください）

問８． 現在、同和地区の人たちは、同和地区で生活しているということだけで低く見られたり、悪く見られたりすることがあると思いますか。（○は１つ）

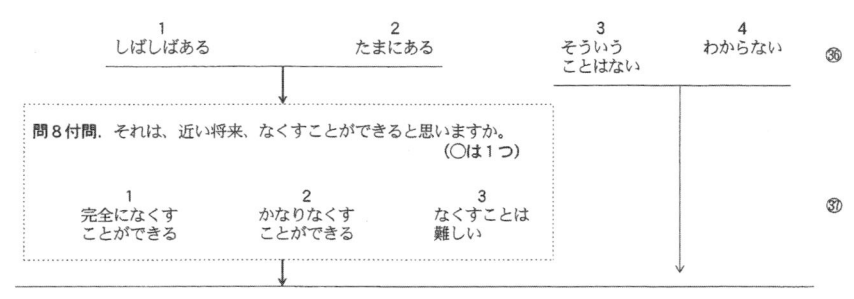

1 しばしばある	2 たまにある	3 そういうことはない	4 わからない	㊱

（1・2 → 問８付問へ　3・4 → 問９へ）

問８付問． それは、近い将来、なくすことができると思いますか。（○は１つ）

1 完全になくすことができる	2 かなりなくすことができる	3 なくすことは難しい	㊲

問９． あなたは、今日でも、同和地区出身者に対する差別があると思いますか。あると思う場合、それは何に原因があると思いますか。（○はいくつでも）

1　同和地区の生活実態が低い水準にあるから
2　同和地区に対する偏見が強く、市民の人権意識が低いから
3　同和地区住民の努力が足りないから
4　同和問題が残っていることを教育・啓発で取り上げて広めているから
5　差別を禁止する法律がないから
6　差別意識をなくすための教育・啓発が不十分であるから ㊳
7　国や府、市町村の取り組みがまだまだ弱いから ㊴
8　日本には戸籍制度があるから
9　同和地区にだけ特別な対策を行うから
10　世間では同和問題に関する話題をなんとなく避ける傾向にあるから
11　その他（具体的に　　　　　　　　　　　　　　　）
12　差別はないと思う
13　わからない

問10． 学校や職場、日常生活の中で、誰かが「同和地区」の人に対する差別的な発言をしたとき、あなたはどういった態度をとりますか、または、とると思いますか。（○は１つ）

1　差別的な発言であることを指摘して、差別について話し合う（と思う）
2　おもて向きは話を合わせるが、何とか差別はいけないことを伝える（と思う）
3　おもて向きは話を合わせ、自分も差別的な言葉を口にしてしまう（と思う） ㊵
4　ほかの話題に変えるよう努力する（と思う）
5　何もせずに黙っている（と思う）
6　その他（具体的に　　　　　　　　　　　　　　　）

問11．あなた自身が、差別発言を聞いたり、同和問題に関わると思われる経験をするなど、差別を直接的に受けたことはありますか。（○は１つ）

1 差別を受けたことがある

2 差別を受けたことはない

（７ページ問12へ進んでください）

㊶

（問11で「１　差別を受けたことがある」と答えた方は、一番印象に残っていること一つについて、以下の付問１～付問６をお答えください。）

問11付問１．それは、どのような社会関係や場所で起きたことですか。（○は１つ）

1 結婚のことで
2 就職に関して
3 行政機関や窓口などで
4 学校など教育の場で
5 企業（行政を含む）の労使関係の中で
6 職場で
7 営業取引などの中で
8 地域活動（自治会、青年団など）で
9 日常の生活の中で
10 宗教行事などで
11 地域内の施設で
12 地域外の公共施設で
13 自宅の回りで
14 その他（具体的に　　　　　　　　）

㊷
㊸

問11付問２．それは、いつ頃のできごとですか。（○は１つ）

1 この１年以内
2 １～２年ほど前
3 ２～５年ほど前
4 ５～10年ほど前
5 10～20年ほど前
6 20年以上前

㊹

問11付問３．差別をした人は、あなたが同和地区出身者、あるいは同和地区に住んでいることを知っていて差別をしたと思いますか。（○は１つ）

1 知っていたと思う
2 知らなかったと思う
3 わからない

㊺

問11付問４．どのようなかたちで差別されましたか。（○はいくつでも）

1 態度・動作・しぐさ等で
2 処遇などで
3 暴力で
4 ことばで
5 手紙や電話で
6 落書きで
7 身元調査で
8 その他（具体的に　　　　　　　　）

㊻

問11付問５．その時、あなたはどのような気持ちになりましたか。あてはまるものすべてについてお答えください。（○はいくつでも）

1 悔しい思いがした
2 怒りを感じた
3 悲しい思いがした
4 絶望を感じた
5 恐ろしい感じがした
6 不合理だと感じた
7 恥ずかしい感じがした
8 いやな気分になった
9 憂うつな感じがした
10 その他（具体的に　　　　　　　　）
11 何も感じなかった

㊼
㊽

（７ページに続きます）

↓ （前ページからの続き）

問11付問６．差別を受けた後、どのように対処しましたか。（〇はいくつでも）

1　家族や親戚に相談した
2　友人に相談した
3　部落解放運動をしている人（団体）に相談（連絡）した ㊾
4　行政（人権擁護委員等を含む）に相談（連絡）した
5　差別した人に抗議した、話し合った
6　誰にも相談しなかった
7　その他（具体的に　　　　　　　　　　　　）

〔全員の方に〕

問12．あなたは、差別落書きを見つけたり、他人から被差別体験の悩みをうち明けられるなど、差別に出会ったことがありますか。（〇は１つ）

1　差別に出会ったことがある
2　差別に出会ったことはない →（８ページへ進んでください） ㊿

問12で「１　差別に出会ったことがある」と答えた方は、一番印象に残っていること一つについて、以下の付問１～付問３をお答えください。

問12付問１．それは、どのような社会関係や場所でのできごとですか。（〇は１つ）

1　結婚のことで
2　就職に関して
3　行政機関や窓口などで
4　学校など教育の場で
5　企業（行政を含む）の労使関係の中で
6　職場で
7　営業取引などの中で
8　地域活動（自治会、青年団など）で
9　日常の生活の中で
10　宗教行事などで ㊿1
11　地域内の施設で ㊿2
12　地域外の公共施設で
13　自宅の回りで
14　その他（具体的に　　　　　　　　　　　　）

問12付問２．それは、いつ頃のできごとですか。（〇は１つ）

1　この１年以内
2　１～２年ほど前
3　２～５年ほど前
4　５～10年ほど前
5　10～20年ほど前 ㊿3
6　20年以上前

問12付問３．その時、あなたはどのような気持ちになりましたか。あてはまるもの**すべてについて**お答えください。（〇はいくつでも）

1　悔しい思いがした
2　怒りを感じた
3　悲しい思いがした
4　絶望を感じた
5　恐ろしい感じがした
6　不合理だと感じた
7　恥ずかしい感じがした
8　いやな気分になった ㊿4
9　憂うつな感じがした ㊿5
10　その他（具体的に　　　　　　　　　　　　）
11　何も感じなかった

〔全員の方に〕

問13. ［　　　］の中の文章をお読みいただいた後、次の(1)～(8)のすべてについてお答えください。

（○はそれぞれ１つ）

同和地区に住むＡ子さんは、Ｂ男さんと交際して２年くらいになります。彼は、いつも車で送ってくれるのですが、同和地区に住んでいることを知られたくないので、自宅から少し離れた場所で降ろしてもらっています。その彼から、今日、突然プロポーズされました。Ａ子さんは、今、自分が同和地区に住んでいることを打ち明けようとしています。

このようなとき、Ａ子さんの気持ちがどのようなものか、あなた自身がＡ子さんだと思ってお答えください。

		1 非常にそう思う	2 そう思う	3 ややそう思う	4 そうは思わない	
例	（記入例）	①（○）	2	3	4	
(1)	このような思いにさせられる差別の存在に怒りを感じる	1	2	3	4	㊻
(2)	このような思いにさせられる差別の存在に悲しみを感じる	1	2	3	4	㊼
(3)	このような思いにさせられる差別の存在に、ただただ嫌な気分になる	1	2	3	4	㊽
(4)	今まで打ち明ける勇気がなかった自分を恥ずかしく思う	1	2	3	4	㊾
(5)	相手が離れていくのではないかと不安になる	1	2	3	4	㊿
(6)	今まで相手を信頼せず隠していたことに罪の意識を感じる	1	2	3	4	(61)
(7)	それでもまだ、打ち明けるかどうか迷ってしまい、憂うつになる	1	2	3	4	(62)
(8)	相手との交際が終わると思い絶望を感じる	1	2	3	4	(63)

問14. [　　　] の中の文章をお読みいただいた後、次の(1)～(7)のすべてについてお答えください。
(○はそれぞれ１つ)

> 同和地区出身のＣさんは、大学４年生で就職活動をしており、希望の企業の最終面接に残っています。そんなとき、家に帰るとＣさんの両親のことや出身地などを調べに来た人がいたのを近所の人から聞き、Ｃさんは、企業が依頼した身元調査だと疑っています。

このようなとき、Ｃさんの気持ちがどのようなものか、あなた自身がＣさんだと思ってお答えください。

		1 非常に そう思う	2 そう思う	3 やや そう思う	4 そうは 思わない	
(1)	差別の現実に恐ろしい感じがする	1	2	3	4	㊽64
(2)	企業の身元調査に対して怒りを感じる	1	2	3	4	65
(3)	今日でも身元調査が実施されているのだと思い、悲しい思いがする	1	2	3	4	66
(4)	今日でも身元調査が実施されている現実に、ただただ嫌な気分になる	1	2	3	4	67
(5)	自分の将来に対して不安を感じる	1	2	3	4	68
(6)	差別の現実の前では無力な自分に憂うつになる	1	2	3	4	69
(7)	自分の将来に対して絶望を感じる	1	2	3	4	70

■ 同和問題の学習や地域活動についてお聞きします。

問15. あなたは、学校、職場及び地域で、同和問題についての学習を受けたことがありますか。
(○はいくつでも)

1 小学校で受けた
2 中学校で受けた
3 高校で受けた
4 大学で受けた
5 一般市民対象の講座などで受けた
6 子ども会や地域で行われる各種の取り組みの中で
7 職場での研修で受けた
8 その他（具体的に　　　　　　　　）　71
9 はっきりおぼえていない
10 受けたことはない

問16. あなたは、現在も含めて、これまでに次のような地域での取り組みや活動に参加したことがありますか。
(○はいくつでも)

1 保育を守る会や教育保護者会など、子どもの教育に関わる組織の活動
2 企業者組合など事業主に関わる組織の活動
3 高校生友の会、大学生友の会、青年部などに関わる活動
4 老人会など高齢者に関わる組織の活動
5 障害者組合など障害がある人に関わる組織の活動 ⑫
6 女性部など女性に関わる組織の活動
7 給食ボランティアなど福祉に関わる組織の活動
8 部落解放運動団体の役員やリーダーとしての活動
9 その他の地域活動 (具体的に)
10 地域の活動には参加したことがない

■ 同和問題の解決に向けた取り組みについてお聞きします。

問17. 同和地区出身者に対する差別をなくすために、次にあげる意見はどの程度重要だと思いますか。(1)～(9)のすべてについてお答えください。(○はそれぞれ1つ) ⑫⑬=22

		1 非常に重要	2 やや重要	3 あまり重要ではない	4 重要ではない	5 わからない	
(1)	行政が同和地区の住環境や生活の実態を改善する	1	2	3	4	5	⑭
(2)	同和地区住民が差別されないようもっと努力する	1	2	3	4	5	⑮
(3)	行政が同和地区住民の「自立」を支援する取り組みを充実する	1	2	3	4	5	⑯
(4)	同和地区住民が差別の現実や不当性をもっと強く社会に訴える	1	2	3	4	5	⑰
(5)	同和地区と周辺地域の人々が交流を深め、協同して「まちづくり」を進める	1	2	3	4	5	⑱
(6)	学校教育・社会教育を通じて、差別意識をなくし、人権を大切にする教育・啓発活動を積極的に行う	1	2	3	4	5	⑲
(7)	「差別」をしたり、「差別」を営利目的に使う者を法律で処罰する	1	2	3	4	5	⑳
(8)	戸籍制度を大幅に見直す・廃止する	1	2	3	4	5	㉑
(9)	「同和地区」のことや「差別」があることを口に出さないで、そっとしておけば自然に「差別」はなくなる	1	2	3	4	5	㉒

■ ふだんの生活での意識についてお聞きします。

問18. 次にあげる(1)～(8)のことがら**すべてについて**、あなたご自身はどの程度あてはまりますか。他人からどう見られているかではなく、あなたが、自分自身をどのように思っているかを、ありのままにお答えください。

あまり深く考えず、頭に浮かんだことを気軽にお答えください。 **(○はそれぞれ1つ)**

		1 かなり当てはまる	2 やや当てはまる	3 あまり当てはまらない	4 全く当てはまらない	5 わからない	
(1)	だいたいにおいて、自分に満足している	1	2	3	4	5	㉓
(2)	自分には、自分なりの良さがあると思う	1	2	3	4	5	㉔
(3)	自分はまったくだめな人間だと思うことがある	1	2	3	4	5	㉕
(4)	物事を、他の人と同じようにうまくやれる	1	2	3	4	5	㉖
(5)	自分には、自慢できることがあまりない	1	2	3	4	5	㉗
(6)	何かにつけて、自分は役に立たない人間だと思う	1	2	3	4	5	㉘
(7)	困難な問題にぶつかっても、自分なりに解決することができる	1	2	3	4	5	㉙
(8)	一生懸命がんばれば、難しい問題でも何とか解決することができる	1	2	3	4	5	㉚

問19. あなたご自身、希望や充実感、過去へのこだわりをどれくらい持っていますか。次にあげる(1)～(9)の**すべてについて**お答えください。

あまり深く考えず、頭に浮かんだことを気軽にお答えください。 **(○はそれぞれ1つ)**

		1 かなり当てはまる	2 やや当てはまる	3 あまり当てはまらない	4 全く当てはまらない	5 わからない	
(1)	将来のためを考えて、今から準備していることがある	1	2	3	4	5	㉛
(2)	私には、将来の目標がある	1	2	3	4	5	㉜
(3)	私の将来は漠然としていて、つかみどころがない	1	2	3	4	5	㉝

(12ページに続きます)

（前ページからの続き）		1 かなり当てはまる	2 やや当てはまる	3 あまり当てはまらない	4 全く当てはまらない	5 わからない	
(4)	私の将来には、希望が持てる	1	2	3	4	5	㉞
(5)	自分の将来は、自分で切り開く自信がある	1	2	3	4	5	㉟
(6)	毎日の生活が充実している	1	2	3	4	5	㊱
(7)	今の生活に満足している	1	2	3	4	5	㊲
(8)	私は、自分の過去を受け入れることができる	1	2	3	4	5	㊳
(9)	私の過去はつらいことばかりだった	1	2	3	4	5	㊴

問20. あなたが生活していく上で困ったこと、いやなことに出会った場合、それを乗り越えるために、どのように考え、行動しますか。次の(1)～(9)の**すべてについて**お答えください。
あまり深く考えず、頭に浮かんだことを気軽にお答えください。 **（○はそれぞれ１つ）**

		1 いつもしてきた	2 しばしばしたことがある	3 何度かしたことがある	4 ごくまれにしたことがある	5 このようにしたことがない	
(1)	事情に詳しい人から自分に必要な情報を収集する	1	2	3	4	5	㊵
(2)	対処できない問題だとあきらめる	1	2	3	4	5	㊶
(3)	今後はよいこともあるだろうと考える	1	2	3	4	5	㊷
(4)	どのような対策をとるべきか綿密に考える	1	2	3	4	5	㊸
(5)	そのことについて、あまり考えないようにする	1	2	3	4	5	㊹
(6)	買い物やレジャー、おしゃべりなどで気持ちをはらす	1	2	3	4	5	㊺
(7)	ぐちを誰かにこぼして気持ちをはらす	1	2	3	4	5	㊻
(8)	責任を他の人に押しつける	1	2	3	4	5	㊼
(9)	地域の人たちが力を合わせて社会に働きかける	1	2	3	4	5	㊽

■ 結婚に関する意識についてお聞きします。

問21．あなたには、結婚を意識しながら、結婚までにいたらなかった経験がありますか。結婚されている方は、結婚前の経験についてお答えください。（○は１つ）

1	2	3
ある	ない	わからない

㊾

（このページ問22へ進んでください）

問21付問１．結婚までにいたらなかった事情に、同和問題が関係していると思いますか。（○は１つ）

1	2	3
同和問題が関係していたと思う	同和問題は関係なかったと思う	わからない

㊿

（このページ問22へ進んでください）

問21付問２．同和問題が関係していたと思うのはどうしてですか。（○は１つ）

1　自分の出身を知ってから、相手の態度がよそよそしくなったから
2　自分の出身を知ってから、相手がひどく悩みだしたから
3　親族の反対を理由に、結婚できないと言われたから
4　とってつけたような理由で交際を断られたから
5　自分側の親族との関係を絶つなら、結婚してもよいと言われたから
6　その他（具体的に　　　　　　　　　　　　　）

51

〔全員の方に〕
問22．あなたご自身の結婚相手を考える際、相手の人柄や性格以外で、気になることがありますか。（○はいくつでも）

〔・**未婚の方**　…　気になること、気になると思うことをお答えください。
・**既婚（離別・死別を含む）の方**　…　実際に気になったことをお答えください。〕

1　相手の学歴
2　相手の経済力
3　相手の職業
4　相手の家柄
5　相手の国籍・民族
6　相手の家族に障害をもつ人がいるかどうか
7　相手の宗教
8　相手が同和地区出身者かどうか
9　その他（具体的に　　　　　　　）
10　特に気にしない

52

問23．自分の子どもの結婚相手を考える際、あなたは、相手の人柄や性格以外で、気になることがありますか。（○はいくつでも）

〔・**子どもがいない方**　…　子どもがいると想定してお答えください。
・**子どもがすでに結婚している方**　…　実際に気になったことをお答えください。〕

1　相手の学歴
2　相手の経済力
3　相手の職業
4　相手の家柄
5　相手の国籍・民族
6　相手の家族に障害をもつ人がいるかどうか
7　相手の宗教
8　相手が同和地区出身者かどうか
9　その他（具体的に　　　　　　　）
10　特に気にしない

53

問24. あなたは結婚していますか。（○は１つ）

1	2	3	4	
未　婚	既　婚 （配偶者あり）	離　別	死　別	㊹

問25. お子さんはいらっしゃいますか。いらっしゃる場合は、次の中のどれにあてはまりますか。（○はいくつでも）

1　就学前、小学校・中学校在学中
2　高校（高校に相当する専門学校等を含む）在学中
3　大学（短大、短大に相当する専門学校等を含む）在学中
4　学校教育修了で結婚していない
5　学校教育修了で結婚している
6　子どもはいない　㊺

（問26は「既婚（配偶者あり）」「離別」「死別」の方のみお答えください。「未婚」の方は17ページへ進んでください。）

問26. あなたと結婚相手（配偶者）の生まれは、次のどれにあてはまりますか。（○は１つ）
（同和地区の生まれかどうかわからない場合は、同和地区外の生まれとしてください）

1　自分は**同和地区**、結婚相手（配偶者）は**同和地区外**の生まれ ⟶ （15ページ〔A〕へ進んでください）

2　自分は**同和地区外**、結婚相手（配偶者）は**同和地区**の生まれ ⟶ （16ページ〔B〕へ進んでください）

3　自分も結婚相手（配偶者）も**同和地区**の生まれ
4　自分も結婚相手（配偶者）も**同和地区外**の生まれ
⟶ （17ページへ進んでください）　㊻

〔Ａ〕 「自分は**同和地区**、結婚相手（配偶者）は**同和地区外**の生まれ」の方に

問27Ａ．結婚するにあたり、自分が住んでいるところが同和地区である、または、自分は同和地区出身である、といったことを相手に告げましたか。（○は１つ）

1 結婚前に告げた　　2 結婚後に告げた　　3 告げなかった　㊼

問27Ａ付問ａ．どうして告げたのですか。（○は１つ）

1 自分のすべてを知ってもらいたかったから
2 後で問題になるよりは、先に言っておいた方がよいから
3 相手が同和問題を理解していたから
4 相手は何となく気付いていたから
5 その他（具体的に　　　　　　）

㊽

問27Ａ付問ｂ．どうして告げなかったのですか。（○は１つ）

1 あえて問題にするほどの内容でもないから
2 関係がこわれるのがいやだったから
3 相手が同和問題を理解していたから
4 相手はすでに知っていたから
5 その他（具体的に　　　　　　）

㊾

問28Ａ．結婚について、あなたが同和地区出身という理由で、次のような体験をしたことがありますか。（○はいくつでも）

1 相手の家族や親族から、結婚を反対された
2 相手の家族や親族の中に、結婚式への出席を拒んだ人がいた
3 結婚後、相手の家族や親族の中に、つきあいを拒否する人がいた
4 相手の家族や親族から、結婚後は同和地区外に引っ越すように言われた ㊿
5 相手の家族や親族から、冷たい視線やよそよそしい態度を感じた
6 いずれの体験もない ――→ （17ページへ進んでください）

問29Ａ．あなたは、結婚に関わってこのような差別を受けたとき、どのように対処しましたか。（○はいくつでも）

1 家族や親戚に相談した
2 友人に相談した
3 部落解放運動をしている人（団体）に相談（連絡）した
4 行政（人権擁護委員等を含む）に相談（連絡）した
5 差別した人に抗議した、話し合った 61
6 誰にも相談しなかった
7 その他（具体的に　　　　　　）

（17ページへ進んでください）

〔 B 〕 「自分は**同和地区外**、結婚相手（配偶者）は**同和地区**の生まれ」の方に

問27 B．結婚するにあたり、相手から同和地区出身であることを告げられましたか。（○は１つ）

1 結婚前に告げられた　2 結婚後に告げられた　3 告げられなかった ⑫

問27 B付問．告げられたときの気持ちは、次のどれにあてはまりますか。（○は１つ）

1 出身など関係ないと思った
2 親族などの間で、トラブルになりはしないか心配した
3 相手の悩みや不安を理解し、その思いを受け止めたいと思った
4 同和問題を知らなかったので、意味がわからなかった
5 その他（具体的に　　　　　　　　　　　）

⑬

問28 B．結婚について、結婚相手が同和地区出身であるという理由で、次のような体験をしたことがありますか。（○はいくつでも）

1 自分の家族や親族から、結婚を反対された
2 自分の家族や親族の中に、結婚式への出席を拒んだ人がいた
3 結婚後、自分の家族や親族の中に、つきあいを拒否する人がいた
4 自分の家族や親族から、結婚後は同和地区外に引っ越すように言われた
5 自分の家族や親族から、冷たい視線やよそよそしい態度を感じた
6 いずれの体験もない ――――→ （17ページへ進んでください）

⑭

問29 B．あなたは、結婚に関わってこのような差別を受けたとき、どのように対処しましたか。（○はいくつでも）

1 家族や親戚に相談した
2 友人に相談した
3 部落解放運動をしている人（団体）に相談（連絡）した
4 行政（人権擁護委員等を含む）に相談（連絡）した
5 差別した人に抗議した、話し合った
6 誰にも相談しなかった
7 その他（具体的に　　　　　　　　　　　）

⑮

（17ページへ進んでください）

■ 人権に関する条例や施設についてお聞きします。

〔全員の方に〕

問30. あなたは、次の人権に関する宣言や条例があることをどの程度ご存じですか。次の(1)～(7)のすべてについてお答えください。（○はそれぞれ１つ）

		1 どんな内容か知っている	2 内容は知らないが名称は聞いたことがある	3 知らなかった	
(1)	大阪府人権尊重の社会づくり条例	1	2	3	⑯
(2)	大阪府部落差別事象に係る調査等の規制等に関する条例（部落差別調査等規制等条例）	1	2	3	⑰
(3)	大阪府や市町村における個人情報保護条例	1	2	3	⑱
(4)	同和対策審議会答申	1	2	3	⑲
(5)	世界人権宣言	1	2	3	⑳
(6)	国際人権規約	1	2	3	㉑
(7)	人権教育のための国連10年	1	2	3	㉒

（問30(7)人権教育のための国連10年を「1　どんな内容か知っている」「2　内容は知らないが名称は聞いたことがある」と答えた方にお聞きします。）

問30付問. 次の中で、あてはまるものはどれですか。（○はいくつでも）

1　「人権教育のための国連10年」についての記事等を見たり、講演会等の啓発事業に参加したことがある

2　国や自治体、民間団体等で行動計画が策定されるなど、さまざまなレベルで推進されていることを知っている

3　世界のあらゆる国や地域で「人権という普遍的文化」を構築することを目的としていることを知っている ㉓

4　この中にあてはまるものはない

問31. 次の人権に関する関連施設についてご存じですか。あるいは実際に足を運んだことがありますか。(1)～(3)のすべてについてお答えください。（○はそれぞれ１つ）

		1 実際に行ったことがある	2 行ったことはないが名称は聞いたことがある	3 知らなかった	
(1)	リバティおおさか（大阪人権博物館）	1	2	3	㉔
(2)	ピースおおさか（大阪国際平和センター）	1	2	3	㉕
(3)	ヒューライツ大阪（アジア・太平洋人権情報センター）	1	2	3	㉖

■　自由回答

問32．あなたは、同和問題に関連した差別を体験されたことがありますか。体験がある場合、その時の状況やお気持ちについて教えていただきたいと存じますので、下記の欄に自由にお書きください。

⑰

〔問32で自由回答欄に記述された方に〕

問32付問．その時の詳しいお話をおうかがいしたいのですが、ご協力いただけますでしょうか。調査担当者が、お宅もしくはお近くの公共施設に出向いてお話をお聞きします。もちろん、プライバシーの保護はお約束いたします。（○は１つ）

1 協力できる　　2 協力できない　⑱

〔ご協力できる方のみ氏名、電話番号をお教えください〕

(フリガナ) 氏名		電話	(　　　)　　　－

最後に、「同和問題」の解決、人権の尊重などについて、国や府、市町村に対して、ご意見やご要望がありましたら、下記の欄に自由にお書きください。

⑲

お忙しいところご協力いただきましてありがとうございました。
封筒に入れて、担当調査員にお渡しください。

【参考資料2】

二〇一一年大阪府「行政データを活用した実態把握」概要
（平成二五年二月一五日　大阪府同和問題解決推進審議会資料より）

（趣旨）

地域改善対策特定事業に係る国の財政上の特別措置に関する法律に基づく旧同和対策事業対象地域（以下「対象地域」という。）を対象に調査し把握してきた人口構造、世帯数、生活保護受給世帯数、高校進学率などについて、行政が既に保有しているデータを活用して、平成一三年大阪府同和対策審議会答申で示された課題がどのように推移しているのか等を把握する。

（対象）

対象地域のある一九市四町

（調査時期）

平成二三年

（手法）

府及び市町が、福祉、教育等、様々な行政施策を実施する中で既に保有しているデータを活用して、対象地域に係る数値の集計と対象地域のある市町全体の集計を、平成一二（二〇〇〇）年及び平成一七（二〇〇五）年に実施した実態把握の結果等と比較し分析する。

（実施項目）

①人口構造（年齢階層別人口構造）

②世帯の状況（世帯数、母子世帯・父子世帯・高齢者世帯・高齢単身者世帯の数）
③住民税課税人口の状況（所得割課税人口、均等割課税人口、非課税人口）
④生活保護受給世帯の状況（受給世帯数、世帯類型別・受給期間別受給世帯数）
⑤障がい者手帳所持者の状況（身体障がい、知的障がい、精神障がい）
⑥福祉医療助成受給者の状況（受給者数（老人医療、身体障がい者・知的障がい者医療、ひとり親家庭医療））
⑦介護保険制度 要介護認定者の状況（要介護認定者数）
⑧ホームヘルパー及びガイドヘルパー派遣世帯の状況（派遣世帯数）
⑨認可保育所入所児童の状況（入所児童数）
⑩乳幼児健診未受診児の状況（未受診児数）
⑪市町立中学校 進学等の状況（卒業者数及び高校進学者等の数）
⑫市町立小中学校 長欠児童・生徒の状況（長欠児童・生徒数）
⑬市町立小中学校 就学援助利用の状況（就学援助利用者数）
⑭府立高等学校 進学等の状況（卒業者数及び大学進学者等の数）
⑮府立高等学校 中退の状況（中退生徒数）

【参考資料3】

各種人権条約に見る無差別平等・差別の禁止規定（抜粋）

（1）国際連合憲章（一九四五年）

第一条　3　経済的、社会的、文化的又は人道的性質を有する国際問題を解決することについて、並びに人種、性、言語又は宗教による差別なくすべての者のために人権及び基本的自由を尊重するように助長奨励することについて、国際協力を達成すること。

第五五条　人民の同権及び自決の原則の尊重に基礎をおく諸国間の平和的且つ友好的関係に必要な安定及び福祉の条件を創造するために、国際連合は、次のことを促進しなければならない。

C　人種、性、言語又は宗教による差別のないすべての者のための人権及び基本的自由の普遍的な尊重及び遵守。

第五六条　すべての加盟国は、第五五条に掲げる目的を実現するために、この機構と協力して、共同及び個別の行動をとることを誓約する。

（2）世界人権宣言（一九四八年）

第一条　すべての人間は、生れながらにして自由であり、かつ、尊厳と権利とについて平等である。

第二条　1　すべて人は、人種、皮膚の色、性、言語、宗教、政治上その他の意見、国民的若しくは社会的出身、財産、門地その他の地位又はこれに類するいかなる事由による差別をも受けることなく、この宣言に掲げるすべての権利と自由とを享有することができる。

第七条　すべての人は、法の下において平等であり、また、いかなる差別もなしに法の平等な保護を受ける権利を有する。すべての人は、この宣言に違反するいかなる差別に対しても、また、そのような差別をそそのかすいかなる行為に対しても、平等な保護を受ける権利を有する。

(3) 社会権規約(一九六六年)

第二条 2 この規約の締約国は、この規約に規定する権利が人種、皮膚の色、性、言語、宗教、政治的意見その他の意見、国民的若しくは社会的出身、財産、出生又は他の地位によるいかなる差別もなしに行使されることを保障することを約束する。

第三条 この規約の締約国は、この規約に定めるすべての経済的、社会的及び文化的権利の享有について男女に同等の権利を確保することを約束する。

第一〇条 3 保護及び援助のための特別な措置が、出生の他の事情を理由とするいかなる差別もなく、すべての児童及び年少者のためにとられるべきである。

(4) 自由権規約(一九六六年)

第二条 1 この規約の各締約国は、その領域内にあり、かつ、その管轄の下にあるすべての個人に対し、人種、皮膚の色、性、言語、宗教、政治的意見その他の意見、国民的若しくは社会的出身、財産、出生又は他の地位等によるいかなる差別もなしにこの規約において認められる権利を尊重し及び確保することを約束する。

第三条 この規約の締約国は、この規約に定めるすべての市民的及び政治的権利の享有について男女に同等の権利を確保することを約束する。

第二四条 1 すべての児童は、人種、皮膚の色、性、言語、宗教、国民的若しくは社会的出身、財産又は出生によるいかなる差別もなしに、未成年者としての地位に必要とされる保護の措置であって家族、社会及び国による措置に

ついて権利を有する

第二六条　すべての者は、法律の前に平等であり、いかなる差別もなしに法律による平等の保護を受ける権利を有する。このため、法律は、あらゆる差別を禁止し及び人種、皮膚の色、性、言語、宗教、政治的意見その他の意見、国民的若しくは社会的出身、財産、出生又は他の地位等のいかなる理由による差別に対しても平等のかつ効果的な保護をすべての者に保障する。

【注釈1】〈自由権規約委員会〉は、第二条1項および第二六条の「性」に「性的指向」を含むとの見解を打ち出している

【注釈2】〈自由権規約委員会〉は、第二六条にいう「他の地位」に「国籍」を含むとの見解を打ち出している

【注釈3】〈自由権規約委員会〉一般意見二八（二〇〇〇年）

3　規約二条及び三条で定められた、規約で認められた権利をすべての個人に確保する義務は、締約国が、すべての人がこれらの権利を享受できるようにするためあらゆる必要な措置をとることを要求する。これらの措置には、それぞれの権利それぞれの平等な享受の障害を除去すること、人々及び国家公務員に対する人権教育、並びに、規約で定められた義務に効果を与えるための国内立法の整備が含まれる。

(5) あらゆる形態の人種差別の撤廃に関する国際条約（一九六五年）

第一条　1　この条約において、「人種差別」とは、人種、皮膚の色、世系又は民族的若しくは種族的出身に基づくあらゆる区別、排除、制限又は優先であって、政治的、経済的、社会的、文化的その他のあらゆる公的生活の分野における平等の立場での人権及び基本的自由を認識し、享有し又は行使することを妨げ又は害する目的又は効果を有するものをいう。

第二条　1　締約国は、人種差別を非難し、また、あらゆる形態の人種差別を撤廃する政策及びあらゆる人種間の理解

を促進する政策をすべての適当な方法により遅滞なくとることを約束する。このため
（a）各締約国は、個人、集団又は団体に対する人種差別の行為又は慣行に従事しないこと並びに国及び地方のすべての公の当局及び機関がこの義務に従って行動するよう確保することを約束する。
（b）各締約国は、いかなる個人又は団体による人種差別も後援せず、擁護せず又は支持しないことを約束する。
（c）各締約国は、政府（国及び地方）の政策を再検討し及び人種差別を生じさせ又は永続化させる効果を有するいかなる法令も改正し、廃止し又は無効にするために効果的な措置をとる。
（d）各締約国は、すべての適当な方法（状況により必要とされるときは、立法を含む。）により、いかなる個人、集団又は団体による人種差別も禁止し、終了させる。

第四条　締約国は、一の人種の優越性若しくは一の皮膚の色若しくは種族的出身の人の集団の優越性の思想若しくは理論に基づくあらゆる宣伝及び団体又は人種的憎悪及び人種差別（形態のいかんを問わない。）を正当化し若しくは助長することを企てるあらゆる宣伝及び団体を非難し、また、このような差別のあらゆる扇動又は行為を根絶することを目的とする迅速かつ積極的な措置をとることを約束する。このため、締約国は、世界人権宣言に具現された原則及び次条に明示的に定める権利に十分な考慮を払って、特に次のことを行う。
（a）人種的優越又は憎悪に基づく思想のあらゆる流布、人種差別の扇動、いかなる人種若しくは皮膚の色若しくは種族的出身を異にする人の集団に対するものであるかを問わずすべての暴力行為又はその行為の扇動及び人種主義に基づく活動に対する資金援助を含むいかなる援助の提供も、法律で処罰すべき犯罪であることを宣言すること。
（b）人種差別を助長し及び扇動する団体及び組織的宣伝活動その他のすべての宣伝活動を違法であるとして禁止するものとし、このような団体又は活動への参加が法律で処罰すべき犯罪であることを認めること。
（c）国又は地方の公の当局又は機関が人種差別を助長し又は扇動することを認めないこと。

第五条　第二条に定める基本的義務に従い、締約国は、特に次の権利の享有に当たり、あらゆる形態の人種差別を禁止し及び撤廃すること並びに人種、皮膚の色又は民族的若しくは種族的出身による差別なしに、すべての者が法律の前に平等であるという権利を保障することを約束する。

(a) 裁判所その他のすべての裁判及び審判を行う機関の前での平等な取扱いについての権利

(b) 暴力又は傷害（公務員によって加えられるものであるかいかなる個人、集団又は団体によって加えられるものであるかを問わない。）に対する身体の安全及び国家による保護についての権利

(c) 政治的権利、特に普通かつ平等の選挙権に基づく選挙に投票及び立候補によって参加し、国政及びすべての段階における政治に参与し並びに公務に平等に携わる権利

(d) 他の市民的権利、特に、

(i) 国境内における移動及び居住の自由についての権利、(ii) いずれの国（自国を含む。）からも離れ及び自国に戻る権利、(iii) 国籍についての権利、(iv) 婚姻及び配偶者の選択についての権利、(v) 単独で及び他の者と共同して財産を所有する権利、(vi) 相続する権利、(vii) 思想、良心及び宗教の自由についての権利、(viii) 意見及び表現の自由についての権利、(ix) 平和的な集会及び結社の自由についての権利

(e) 経済的、社会的及び文化的権利、特に、

(i) 労働、職業の自由な選択、公正かつ良好な労働条件、失業に対する保護、同一の労働についての同一報酬及び公正かつ良好な報酬についての権利、(ii) 労働組合を結成し及びこれに加入する権利、(iii) 住居についての権利、(iv) 公衆の健康、医療、社会保障及び社会的サービスについての権利、(v) 教育及び訓練についての権利、(vi) 文化的な活動への平等な参加についての権利、

(f) 輸送機関、ホテル、飲食店、喫茶店、劇場、公園等一般公衆の使用を目的とするあらゆる場所又はサービスを利用する権利

(6) 女性差別撤廃条約(一九七九年)

第二条　締約国は、女子に対するあらゆる形態の差別を非難し、女子に対する差別を撤廃する政策をすべての適当な手段により、かつ、遅滞なく追求することに合意し、及びこのため次のことを約束する。

(a) 男女の平等の原則が自国の憲法その他の適当な法令に組み入れられていない場合にはこれを定め、かつ、男女の平等の原則の実際的な実現を法律その他の適当な手段により確保すること

(b) 女子に対するすべての差別を禁止する適当な立法その他の措置(適当な場合には制裁を含む。)をとること

第三条　締約国は、あらゆる分野、特に、政治的、社会的、経済的及び文化的分野において、女子に対して男子との平等を基礎として人権及び基本的自由を行使し及び享有することを保障することを目的として、女子の完全な能力開発及び向上を確保するためのすべての適当な措置(立法を含む。)をとる。

(7) 子どもの権利条約(一九八九年)

第二条　1　締約国は、その管轄の下にある児童に対し、児童又はその父母若しくは法定保護者の人種、皮膚の色、性、言語、宗教、政治的意見その他の意見、国民的、種族的若しくは社会的出身、財産、心身障害、出生又は他の地位にかかわらず、いかなる差別もなしにこの条約に定める権利を尊重し、及び確保する。

(8) 障害者権利条約(二〇〇六年)

第五条　1　締約国は、全ての者が、法律の前に又は法律に基づいて平等であり、並びにいかなる差別もなしに法律による平等の保護及び利益を受ける権利を有することを認める

2　締約国は、障害に基づくあらゆる差別を禁止するものとし、いかなる理由による差別に対しても平等かつ効果的

な法的保護を障害者に保障する

3　締約国は、平等を促進し、及び差別を撤廃することを目的として、合理的配慮が提供されることを確保するための全ての適当な措置をとる

4　障害者の事実上の平等を促進し、又は達成するために必要な特別の措置は、この条約に規定する差別と解してはならない。

【参考資料4】

国立市人権を尊重し多様性を認め合う平和なまちづくり基本条例

国立市は、「人間を大切にする」をまちづくりの基本理念として掲げ、平成二年六月に「国立市平和都市宣言」を行い、全ての施策の根幹に人権と平和の尊重を掲げるとともに、全ての人を社会的孤立や排除から守り、社会の一員として包み支え合うこと（以下「ソーシャル・インクルージョン」という。）を基本としたまちづくりを推進してきた。

国においては、日本国憲法に掲げる基本的人権の尊重と恒久平和の理念の下、人権や平和に関する法制度の整備等の様々な取組が行われてきた。近年では、障害を理由とする差別の解消の推進に関する法律、本邦外出身者に対する不当な差別的言動の解消に向けた取組の推進に関する法律及び部落差別の解消の推進に関する法律が制定され、地方自治体においても、地域の実情に応じた差別解消を推進するための更なる取組が求められている。

人権とは、全ての人が生まれながらにして持つ固有の権利であり、誰もが自分らしく生きる権利を保障されている。人は誰もが一人一人異なる存在であることから、ソーシャル・インクルージョンの理念の下、互いの多様性を認め合うことにより、個人の人権を尊重していかなければならない。そのような日常における相互理解と協力の中に、日々の平和な暮らしが生まれる。

国立市が本条例において掲げる平和とは、単に戦争や紛争がないだけでなく、貧困、飢餓、抑圧、搾取等の社会構造的な困難がなく、かつ、人々の間に不当な差別や暴力を始めとする人権侵害を容認しない意識と、他者への共感、相互の協力、対話といった行動が存在している状態を意味する。このような平和は、多様性を有する個々の人権を尊重することによってこそ、実現することができる。

しかし、今もなお、人種、皮膚の色、民族、国籍、信条、性別、性的指向、性自認、しょうがい、疾病、職業、年齢、被差別部落出身その他経歴等を理由とした不当な差別や暴力等の人権侵害が存在し、日常の暮らしの脅威となっている。また、一人一人の多様性に対する無理解と無関心に起因して、争いや衝突が生じている。そして、この人権侵害や争い等については、誰もが、無意識的に又は間接的に当事者となる可能性を持つ。

そこで、国立市、そして国立市に暮らす私たちは、「人権侵害を許さない」という強い意志とソーシャル・インクルージョンの理念の下、一人一人が当事者として、自ら考え主体的に行動し、互いの多様性を認め合い人権を尊重することによって平和なまちを実現すること（以下「人権・平和のまちづくり」という。）を目指して、たゆまぬ努力を続けることを決意し、この条例を制定する。

（目的）

第一条　この条例は、ソーシャル・インクルージョンの理念の下、人権・平和のまちづくりに関する基本的な原則を定め、市長の使命並びに市、市民及び事業者等の責務を明らかにし、人権及び平和に係る施策の基本的事項を定めることにより、人権を尊重し多様性を認め合う平和なまちを実現することを目的とする。

（基本原則）

第二条　全ての人は、人種、皮膚の色、民族、国籍、信条、性別、性的指向、性自認、しょうがい、疾病、職業、年齢、被差別部落出身その他経歴等にかかわらず、一人一人がかけがえのない存在であると認められ、個人として尊重されなければならない。

（不当な差別及び暴力の禁止）

第三条　何人も、人種、皮膚の色、民族、国籍、信条、性別、性的指向、性自認、しょうがい、疾病、職業、年齢、被差別部落出身その他経歴等を理由とした差別（以下「不当な差別」という。）を行ってはならない。

2　何人も、いかなる暴力（身体に対する不法な攻撃及びこれに準ずる心身に有害な影響を及ぼす言動をいう。）も行ってはならない。

（市長の使命）

第四条　市長は、第二条に規定する基本原則（以下単に「基本原則」という。）に基づき、市の施策を決定する際には、ソーシャル・インクルージョンの理念の下、人権・平和のまちづくりを推進するものであることを基礎として判断しなければならない。

（市の責務）

第五条　市は、基本原則に基づき、人権・平和のまちづくりを推進するため、市政のあらゆる分野において必要な取組を推進するものとする。

2　市は、人権・平和のまちづくりの推進に当たっては、市民、関係行政機関及び市内で事業活動を営む事業者その他の団体（以下「事業者等」という。）との連携を図るものとする。

（市民の権利）

第六条　全ての市民は、社会的孤立や排除から援護され、地域社会の一員として、互いに認め支え合うとともに、自分らしく生きる権利を有する。

（市民の責務）

第七条　市民は、基本原則に基づき、人権・平和のまちづくりの推進に関する市の施策に協力するとともに、家庭、地域、学校、職場等社会のあらゆる分野における不当な差別を無くすよう努めるものとする。

2　市民は、地域社会の一員として、当事者意識を持ち、協力や対話等を通じて、人権・平和のまちづくりの推進に寄与するよう努めるものとする。

（事業者等の責務）

第八条　事業者等は、基本原則に基づき、人権・平和のまちづくりの推進に関する市の施策に協力するとともに、事業活動を行うに当たっては、不当な差別の解消に努めるものとする。

（基本方針）

第九条　市長は、人権・平和のまちづくりの総合的な推進を図るための基本となる方針（以下「基本方針」という。）を策定するものとする。

2　基本方針は、次に掲げる事項について定めるものとする。

①人権・平和のまちづくりの推進に係る基本理念。

②人権と平和に関する意識向上のための教育及び啓発に関すること。

③人権救済及び相談支援の体制に関すること。

④人権と平和に関する分野ごとの施策に関すること。

⑤国内外の平和交流に関すること。

⑥前各号に掲げるもののほか、人権・平和のまちづくりを推進するために必要な事項。

3　市長は、基本方針の策定及び変更（軽微な変更を除く。）に当たっては、あらかじめ第一六条に規定する国立市人権・平和のまちづくり審議会の意見を聴くとともに、市民及び事業者等（以下「市民等」という。）の意見を反映するために必要な措置を講ずるものとする。

4　市長は、基本方針を策定し、又は変更したときは、速やかにこれを公表するものとする。

（推進計画）

第一〇条　市長は、人権・平和のまちづくりを総合的に推進するための計画（以下「推進計画」という。）を策定するものとする。

2　前条第3項及び第4項の規定は、推進計画の策定及び変更について準用する。

（実態調査の実施）

第一一条　市は、人権・平和のまちづくりの推進に関して、必要な実態調査を行い、市の施策に反映させるものとする。

（人権救済のため措置）

第一二条　市は、地域の実情に応じて、国等の関係行政機関及び市民等と連携し、不当な差別の解消を始めとする人権救済のために必要な措置を講ずるものとする。

２　前項の規定による措置に関し、必要な事項については、第一六条に規定する国立市人権・平和のまちづくり審議会において調査及び審議を行う。

（教育及び啓発活動）

第一三条　市は、学校教育、社会教育その他の生涯を通じたあらゆる教育の場において、豊かな人権感覚の育成と平和意識の醸成のために必要な取組を行うものとする。

２　市は、人権・平和のまちづくりの推進に関して、国内外及び地域の実情に応じた啓発活動に努めるものとする。

（推進体制の充実）

第一四条　市は、市民等との連携を一層強化し、人権・平和のまちづくりの推進に関する施策を総合的かつ計画的に推進するための体制の充実に努めるものとする。

（くにたち平和の日及びくにたち平和推進週間）

第一五条　くにたち平和の日は、六月二一日とする。

２　くにたち平和推進週間は、六月二一日から六月二七日までとする。

３　市は、くにたち平和の日及びくにたち平和推進週間において、人権・平和のまちづくりの推進を図るための事業を実施するものとする。

（審議会の設置）

第一六条　人権・平和のまちづくりを総合的かつ計画的に推進するため、市長の附属機関として、国立市人権・平和のまちづくり審議会（以下「審議会」という。）を置く。
2　審議会は、市長の諮問に応じて、次に掲げる事項について調査及び審議を行い、その結果を市長に答申する。
①基本方針及び推進計画に関すること。
②不当な差別の解消を始めとする人権救済のために必要な措置に関すること。
③前二号に掲げるもののほか、人権・平和のまちづくりの推進に関し市長が必要と認める事項。
3　委員会は、市長が委嘱する一〇人以内の委員をもって組織する。
4　委員の任期は、二年とし、再任を妨げない。ただし、委員が欠けた場合における後任の委員の任期は、前任者の在任期間とする。
5　前各項に定めるもののほか、審議会の組織及び運営に関し必要な事項は、規則で定める。
（委任）
第一七条　この条例に定めるもののほか、この条例の施行に関し必要な事項は、規則で定める。

【参考資料5】

差別禁止の法制定を求める日本政府に対する国連の主な勧告や総括所見（抜粋）

▼二〇〇一年三月　人種差別撤廃委員会最終所見

pa8. 委員会は、締約国とは異なり、「世系（descent）」という文言が独自の意味を持ち、人種や種族的出身、民族的出身と混同されてはならないと考える。したがって、委員会は締約国に対して、部落の人びとを含むすべての集団が、差別に対する保護、および条約第五条に規定されている市民的、政治的、経済的、社会的および文化的権利の完全な享受を確保するよう勧告する。

pa10. 委員会は、締約国の法律においてこの条約に関連する唯一の規定が憲法第十四条であることを懸念する。この条約が自動執行性を有さないという事実を顧慮し、委員会は、とくに条約第四条および第五条の規定に従い、人種差別を禁止する特別法の制定が必要であると信ずる。

pa11. 条約第四条（a）（b）に関して日本が維持している留保に留意する。当該解釈が条約第四条に基づく日本の義務と抵触することに懸念を表明する。第四条は事情のいかんを問わず実施されるべき規定であり、人種的優越・憎悪に基づくあらゆる思想の流布の禁止は、意見・表現の自由の権利と両立する。

pa12. 人種差別それ自体が刑法において犯罪とされないことを懸念する。

pa13. 委員会は、高い地位にある公務員による差別的な性格を有する発言、ならびに、条約第四条（c）の違反の結果として当局がとり組むべき行政上または法律上の措置がとられていないこと、および当該行為が人種差別を煽動し助長する意図がある場合のみ処罰されうるという解釈に懸念をもって留意する。

▼二〇〇一年八月　社会権規約委員会最終所見

pa38. 委員会は、締約国が国内人権機関の導入を提案する意向を示したことを歓迎し、締約国に対し、一九九一年のパリ原則および委員会の一般的意見一〇に一致した国内人権機関を可能な限り早期に設置するよう促す。

pa39. 委員会は、締約国に対し、規約第二条第2項に掲げられた差別の禁止の原則は絶対的な原則であり、客観的な基準にもとづく区別でないかぎりいかなる例外の対象ともなりえないという委員会の立場に留意するよう要請する。委員会は、締約国がこのような立場にしたがって差別禁止法を強化するよう強く勧告するものである。

pa52. 委員会は、締約国が、障害のある人々に対する差別的な法規定を廃止し、かつ障害のある人々に対するあらゆる種類の差別を禁止する法律を採択するよう勧告する。

▼二〇〇六年一月　「ドゥ・ドゥ・ディエン報告」（人権委員会　現代的形態の人種主義、人種差別、外国人嫌悪および関連する不寛容に関する特別報告者の報告）

pa74. （人種差別等の公的認知と被差別集団の実態調査、政府の政治的意思の表明）政府は、もっとも高いレベルにおいて、日本社会に人種差別および外国人嫌悪が存在することを、正式かつ公的に認めるべきである。これは、日本の被差別集団それぞれの実態調査を実施することにより、なされなければならない。政府はまた、もっとも高いレベルにおいて、日本社会における人種差別・外国人嫌悪の歴史的および文化的根本原因も正式かつ公的に認め、これと闘う政治的意思を明確かつ強い言葉で表明すべきである。

pa75. （公務員による差別的発言への対応）人種差別および外国人嫌悪を許容しあるいは奨励さえする公務員のいかなる発言に対しても、強い避難と反対を表明しなければならない。

pa76. （差別禁止・処罰法の制定）政府及び国会は、緊急事項として、憲法および日本が締約国となっている国際文書（人種差別撤廃条約、自由権規約および社会権規約を含む）の規定を国内法体系制内で実施するよう、人種主義、差別および外国人嫌悪を禁止する国内法の採択に取り組むべきである。そのような国内法は、次の要件を備えていることが求められる。
・あらゆる形態の人種差別ならびに特に雇用、居住および結婚の領域における差別を処罰し、かつ、被害者に対して効果的な保護および補償を含む救済へのアクセスを補償すること。
・人種差別撤廃条約第四条に規定されている通り、人種的優越または憎悪に基づいており、かつ人種差別を助長または煽動する、すべての宣伝およびすべての団体は犯罪であると宣言すること。
・人種的優越および憎悪に基づくあらゆる思想の流布の禁止は、意見および表現の自由についての権利と両立するとする、人種差別撤廃委員会の見解を共有する。従って、人種差別を助長するまたは煽動する、すべての宣伝およびすべての団体の禁止を国内法体系に含めることを回避するために、意見及び表現の自由についての権利を援用することは、妥当ではない。

pa77.（差別的身元調査の禁止／ＩＬＯ１１１号条約の批准）ある人を、採用、住居の賃借もしくは売買、又はその人の権利の行使に関し差別するために使用される、個人の出自に関するリストおよび調査を禁止する適切な法規定を採択すべきである。

雇用及び職業に関する差別を禁止するＩＬＯ１１１号条約（一九五八年）を批准することも勧告する。


pa79.（国内人権機関のありかた／差別問題専管部局の設置）平等及び人権のための国家委員会が、パリ原則、とりわけその独立性の要件に従って設置されるべきである。

現代的差別のもっとも重要で現に関連しあっている領域、すなわち人種、皮膚の色、ジェンダー、世系、国籍、民族的出自、障害、年齢、宗教、性的志向が総合的な形で集約されなければならない。

この委員会の調査員になるための国籍条項は、差別的であるから設けられてはならない。

政府が部落差別を含む差別問題を特に取り扱う適切な行政部局を設置することも勧告される。


pa83.（マイノリティ集団との立法・政策協議）政府は、マイノリティ集団に関連して採択される政策や立法に関し、マイノリ

ティ集団と協議すべきである

▼二〇一〇年四月　人種差別撤廃委員会最終所見

pa7.　委員会は、前回の最終見解の実施のための具体的な施策に関して締約国から提供された情報が不十分だったことに懸念を持って留意し、その実施及び本条約全体の実施も限られていたことを遺憾に思う。

pa8.　委員会は、本条約第一条に規定する差別となる理由について完全には対応がなされていないことを強調する。さらに、委員会は、締約国の世系（descent）に基づく人種差別の解釈を遺憾に思う。

pa9.　委員会は、前回の最終所見（pa10）に含まれる勧告を再度表明し、本条約第一条に基づき、人種差別を直接及び間接的に禁止する特別法の採用を検討し、本条約により保護されるすべての権利に対応することを要請する。

pa12.　パリ原則に沿った、十分な資金及び適切な人員を有する独立した人権機構を設置し、その機関が幅広い人権に関する権限と現代的形式の差別に取り組むための特別な権限を有するよう要請する。

pa13.　委員会は、人種的優越や憎悪に基づく思想の流布を禁止することは、意見や表現の自由と整合するものであるという意見を再度表明し、この点において、本条約第四条（a）および（b）への留保の維持の必要性を、留保の範囲の縮小およびできれば留保の撤回を視野に入れて、検証することを慫慂《しょうよう》（しきりに勧めること）する。

（a）本条約第四条の差別を禁止する規定を完全に実施するための法律の欠如を是正すること。

▼二〇一三年八月　人種差別撤廃委員会「ヘイト・スピーチに関する一般的勧告三五」

▼二〇一三年五月　社会権規約委員会勧告

pa11.　委員会は、雇用等の分野では差別の禁止に関する法規定が存在するにも関わらず、締約国の法律において、規約が禁じている事由に基づく差別からの全面的保護が提供されていないことに、懸念をもって留意する。（第二条第2項）

委員会は、法律で、規約の規定にしたがって経済的、社会的および文化的権利の全分野における差別が効果的に禁じられ、かつそのような差別に対する制裁が定められることを確保するよう、締約国に対して求める。これとの関連で、委員会は、形式的および実体的差別を解消し、かつ特別措置の実施について規定することを目的とした、差別の禁止に関する包括的法律を制定するよう、締約国に対して奨励する。委員会はまた、締約国に対し、経済的、社会的および文化的権利についての差別の禁止に関する一般的意見二〇（二〇〇九年）を参照するよう求める。

▼二〇一四年七月　自由権規約委員会総括所見

pa11. 委員会は、レズビアン、ゲイ、バイセクシュアル及びトランスジェンダーの人びと（ＬＧＢＴ）への社会的ハラスメントおよび汚名に関する報告、及び自治体が運営する住宅制度から同性カップルを実質的に排除する差別的規定に関する報告を懸念する。（二条、及び二六条）

締約国は、性的指向およびジェンダー・アイデンティティを含むあらゆる理由に基づく差別を禁止し、差別の被害者に効果的で適切な救済を提供する包括的な差別禁止法を採択すべきである。締約国はＬＧＢＴの人びとに対するステレオタイプや偏見と闘うための啓発活動を強化し、ＬＧＢＴの人びとに対するハラスメントの申し立てを捜査し、それらを防止する適切な措置をとるべきである。締約国はまた、自治体レベルの公営住宅事業に関して同性カップルに適用される入居要件に残されている制限も取り除くべきである。

pa12. 委員会は、朝鮮・韓国人、中国人または部落民などのマイノリティ集団の構成員に対する憎悪と差別を扇動している広範囲におよぶ人種主義的言説と、これらの行為に対する刑法と民法上の保護の不十分さに懸念を表明する。委員会はまた、許可されて行われる過激論者による示威行動の多さ、外国人生徒・学生を含むマイノリティに対するハラスメントと暴力、民間施設における「ジャパニーズ・オンリー」などの看板・張り紙を公然と表示することにも懸念を表明する（二条、一九条、二〇条、及び二七条）。

締約国は、差別、敵意または暴力の扇動となる、人種的優越または憎悪を唱えるあらゆる宣伝を禁止すべきであり、またそのような宣伝を広めることを意図した示威行動を禁止すべきである。締約国はまた、人種主義に反対する意識啓発キャンペーンのために十分な資源の配分を行うとともに、裁判官、検察官、警察官が憎悪および人種的動機に基づく犯罪を発見する力をつける訓練を受けることを確保するための取り組みを強化すべきである。締約国はまた、人種主義的攻撃を防止し、容疑者が徹底的に捜査され、起訴され、有罪判決を受けた場合には適切な制裁により処罰されることを確保するためのあらゆる必要な措置をとるべきである。

▼二〇一四年八月　人種差別撤廃委員会総括所見

pa8. 委員会は、締約国に対して、人種差別の被害者が適切な法的救済を求めることを可能とし、条約一条及び二条に準拠した、直接的および間接的な人種差別を禁止する包括的な特別法を採択するよう促す。

pa10. 委員会は、締約国がその見解を見直し、四条（a）（b）項の留保の撤回を検討することを奨励する。（中略）締約国に、四条の規定を実施する目的で、その法律、とくに刑法を改正するための適切な手段を講じるよう勧告する。

pa11. 人種主義的ヘイト・スピーチとの闘いに関する一般的勧告三五（二〇一三年）を思い起こし、委員会は人種主義的スピーチを監視し闘うための措置が抗議の表明を抑制する口実として使われてはならないことを想起する。しかしながら、委員会は締約国に、人種主義的ヘイト・スピーチおよびヘイト・クライムからの防御の必要のある被害を受けやすい集団の権利を守ることの重要性を思い起こすよう促す。したがって、委員会は、以下の適切な措置をとるよう勧告する。

（a）憎悪および人種主義の表明並びに集会における人種主義的暴力と憎悪に断固として取り組むこと。

（b）インターネットを含むメディアにおけるヘイト・スピーチと闘うための適切な手段をとること。

（c）そうした行動に責任ある民間の個人並びに団体を捜査し、適切な場合は起訴すること。

（d）ヘイト・スピーチおよび憎悪煽動を流布する公人および政治家に対する適切な制裁を追求することそして、

（e）人種主義的ヘイト・スピーチの根本的原因に取り組み、人種差別につながる偏見と闘い、異なる国籍、人種あるいは民族の諸集団の間での理解、寛容そして友好を促進するために、教授、教育、文化そして情報の方策を強化すること。

pa22. 世系に関する委員会の一般的勧告二九（二〇〇二年）を念頭に置き、委員会は世系に基づく差別は条約で完全にカバーされていることを想起する。委員会は、締約国が部落の人々との協議により、その見解を変え、明確な部落民の定義を採択するよう勧告する。委員会はまた、二〇〇二年の同和対策特別措置の終了時にあたってとられた具体的措置、とりわけ部落民の生活状況に関する情報と指標を提供するよう勧告する。委員会はさらに、部落民を差別行為に曝すような戸籍情報への不正なアクセスから部落民を守るために法律を効果的に使い、戸籍の不正な乱用に関するすべての事件を調査し、責任者を罰するよう勧告する。

奥田 均（おくだ ひとし）
1952年生まれ。関西外国語大学助教授・近畿大学人権問題研究所教授などを経て、2019年度より同研究所特任教授。博士（社会学）。
〔主な著書〕
『部落解放への挑戦―「補償」から「建設」へ』（解放出版社、1994年）
『人権のステージ―夢とロマンの部落解放』（解放出版社、1998年）
『人権の宝島冒険―2000年部落問題調査・10の発見』（部落解放・人権研究所、2002年）
『土地差別問題の研究』（解放出版社、2003年）
『土地差別―部落問題を考える』（解放出版社、2006年）
『結婚差別―データで読む現実と課題』（部落解放・人権研究所、2007年）
『見なされる差別―なぜ、部落を避けるのか』（解放出版社、2007年）
『同和行政がきちんとわかるQ&A』（編著、解放出版社、2008年）
『差別のカラクリ』（解放出版社、2009年）
『「人権の世間」をつくる』（解放出版社、2013年）
『「同対審」答申を読む』（解放出版社、2015年）
『ガイドブック 部落差別解消推進法』（編著、解放出版社、2017年）など

部落差別解消推進法を学ぶ

2019年7月10日　初版第1刷発行

著者　**奥田 均**

発行　**株式会社 解放出版社**
大阪市港区波除4-1-37 HRCビル３階　〒552-0001
電話 06-6581-8542　FAX 06-6581-8552
東京事務所　〒113-0033
東京都文京区本郷1-28-36 鳳明ビル102A
電話 03-5213-4771　FAX 03-5213-4777
郵便振替 00900-4-75417　HP http://www.kaihou-s.com/

印刷　**モリモト印刷株式会社**

ISBN978-4-7592-3028-4
NDC361.86　199P　21cm
定価はカバーに表示しています。落丁・乱丁はお取り換えいたします。